Conforme à la loi n° 49956 du 16 juillet 1949 sur les publications destinées à la jeunesse
ISBN : 2.09282041-9

BRIGITTE ÉVANO

CONTES ET LÉGENDES DES JEUX D'OLYMPIE

Illustrations de Christian Roux

Nathan

I

La Trêve sacrée ou Les légendes d'Olympie

– Les voilà !

– Ce sont eux !

– Ils arrivent !

Les enfants, postés en haut des remparts de la ville, attendent depuis des heures. Ils surveillent la route venant du sud. Attentifs au moindre mouvement, là-bas, au sortir du défilé.

À plusieurs reprises, déjà, ils avaient crié : « Les voilà »... mais ce n'était pas encore eux ! C'était un marchand, son serviteur et son chariot. Ou bien un jeune homme à cheval, qui rentrait de la chasse.

Cette fois-ci, pas d'erreur possible, ce sont bien eux !

Les enfants abandonnent les remparts, dégringolent les escaliers, courent, se bousculent dans les rues étroites qui mènent au cœur de la cité.

Ils se faufilent entre les passants. Ils se glissent même entre les roues des chariots, sous les cris des charretiers :

– Attention ! Vous allez vous rompre le cou !

– Doucement ! Vous allez tout renverser !

Mais sourds aux avertissements, les enfants continuent leur course.

Quelquefois ils doivent pourtant s'arrêter net et se plaquer contre les murs pour laisser passer des hommes importants, élégamment vêtus, qui se rendent ou reviennent des bâtiments officiels. Puis ils reprennent leur chemin en courant de plus belle et criant toujours : « Ils arrivent ! Ils arrivent ! »

On sourit sur leur passage. Nul ne les gronde ni ne leur dit de faire moins de tapage.

Enfin, ils débouchent sur la grande place de la cité, sur l'agora.

– Les voilà !

– On les a vus, ils viennent de sortir du défilé. Ils seront là dans peu de temps !

Chacun semble savoir de qui il s'agit.

Le mois de juin est encore dans toute sa fraîcheur, on les attendait donc d'un jour à l'autre. Ça ne peut être qu'eux.

Eux, les messagers d'Olympie !

Eux, les spondophores !

En effet, ils entrent bientôt dans la ville et se dirigent immédiatement vers l'agora.

Les conversations privées, les transactions financières, les discussions politiques s'interrompent. Tous se lèvent et se tournent vers les deux messagers.

Le premier porte une trompette à ses lèvres.

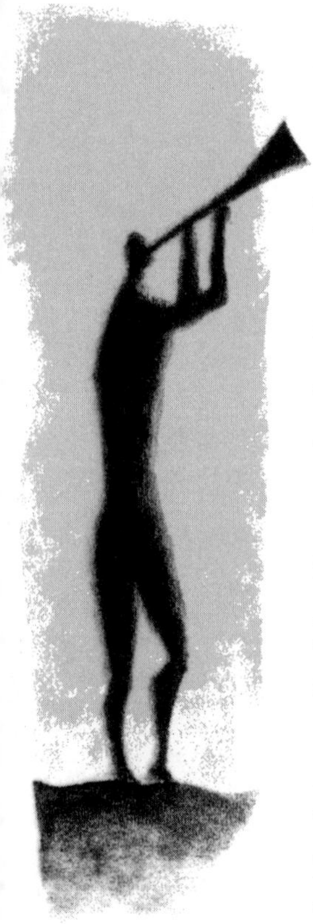

L'air vibre du son de l'instrument. Quelques mesures, fortes et brèves, annoncent une déclaration importante.

Le second laisse passer un court instant et proclame d'une voix profonde et solennelle :

– Voici le temps de la Trêve sacrée ! Que cessent les combats entre les Grecs ! Que chacun puisse se rendre, en toute sécurité, à Olympie !

Le messager s'interrompt pour que chaque auditeur se pénètre de l'importance de ces paroles. Puis il reprend d'une voix puissante et grave :

– La Trêve sacrée ne peut être rompue avant la fin des Jeux olympiques. Quiconque ne la respecte pas se rend sacrilège. Il sera puni, à la mesure de sa faute, par les dieux et par les hommes.

La trompette retentit une dernière fois pour signifier que le message est terminé.

La foule crie sa joie. Une nouvelle Olympiade s'ouvre. La quatre-vingt-huitième !

Les magistrats de la ville s'avancent vers les deux spondophores pour les remercier et les inviter à prendre quelque repos. Un repas les attend au Prytanée[1]. Un cortège se forme et se dirige vers ce bâtiment public.

Les enfants les précèdent et improvisent des danses en l'honneur des Jeux, des athlètes et surtout d'Héraclès, le dieu à l'origine de ces Olympiades qui, tous les quatre ans, voient s'affronter pacifiquement tout ce que la Grèce compte de héros.

La ville est en liesse.

Les mêmes scènes se reproduisent dans chaque ville. En Grèce bien sûr : à Sparte, à Thèbes, à Mycènes, à Athènes, pour ne citer que les plus grandes d'entre elles. Mais aussi en Asie Mineure, en Égypte, en Sicile, en Sardaigne. Dans l'ensemble des comptoirs marchands qui marquent la présence grecque sur le pourtour de la Méditerranée : Nikaia,

1. Prytanée : dans toutes les villes grecques, établissement public, siège de l'administration et lieu de réception.

Massalia et jusqu'au détroit où se mêlent, vers le couchant, les eaux de la Méditerranée et du Grand Océan.

Des messagers d'Olympie proclament l'ouverture de la 88e Olympiade, sur toute la surface des terres connues.

Les Jeux sont nombreux en Grèce. Olympie n'est pas la seule ville à organiser des joutes athlétiques. À Cyrène, les jeunes gens concourent dans des épreuves de courses en l'honneur de la déesse de l'intelligence et de la guerre, Athéna ; à Sparte, en l'honneur du dieu du soleil, Apollon.

Parmi les Jeux qui sollicitent l'esprit de compétition des athlètes, quatre sont particulièrement célèbres. Leur renommée dépasse très largement les frontières de la ville qui les organise. Ce sont les Jeux de Delphes, de l'Isthme, de Némée et d'Olympie.

Et parmi eux, ceux d'Olympie sont les plus importants. L'éclat des fêtes, la valeur des candidats, le nombre des spectateurs venus de toutes les contrées, la renommée qui s'attache aux vainqueurs en font les « Jeux » par excellence.

Pourquoi ce sanctuaire, situé non loin de la petite ville d'Élis, a-t-il acquis cette notoriété universelle grâce aux Jeux qui s'y déroulent ? De nombreuses légendes s'attachent à tenter d'expliquer cette prééminence des Jeux d'Olympie.

Ainsi, on raconte qu'il y a bien longtemps la peste ravageait la contrée d'Élis. Tous en étaient frappés, les animaux et les hommes. Les morts se comptaient par dizaines puis par centaines. L'épidémie menaçait d'anéantir Élis.

Le roi de cette petite ville décide alors d'aller consulter la Pythie, la grande prêtresse d'Apollon à Delphes. Elle connaît l'avenir et sait conseiller les hommes sur la conduite à tenir pour se ménager les faveurs des dieux. Car la peste est sûrement un fléau envoyé par les dieux pour punir les humains.

Un jour, bien avant les premières lueurs rosées de l'aurore, le roi d'Élis monte sur son char. Il a choisi un char rapide mais solide qu'il a lui-même attelé à quatre chevaux puissants.

Le roi quitte donc sa ville en secret. Il ne veut surtout pas que ses sujets croient qu'il les abandonne. Il se lance sur la route du Nord. Sans prendre de repos, il parvient à l'isthme de Corinthe qui sépare le Péloponnèse de l'Attique.

Là, il se met en quête d'un bateau pour franchir ce bras de mer.

– Passeur ! Fais-moi passer de l'autre côté ! Et vite ! Tu n'auras pas à t'en repentir. Je te paierai bien !

Le passeur voit du premier coup d'œil qu'il s'agit d'un personnage important.

– À tes ordres ! Monte sur le pont avec ton char et tes chevaux. J'appelle mes marins !

– Ne peux-tu assurer toi-même la manœuvre de ton bateau ? Je double le prix si nous partons immédiatement. Seuls. Et au besoin je t'aiderai.

– À tes ordres ! Allons-y !

Le marin et le roi traversent sans encombre l'isthme de Corinthe. Les chevaux se sont un peu reposés. Ils ont bu de l'eau fraîche et mangé de l'avoine.

– Tiens, voici pour toi ! dit le roi en lançant une bourse bien pleine au marin.

Le passeur la fait sauter dans sa main. Le roi a dit vrai. Il paye bien !

– Et si tu veux en gagner encore autant, sois ici demain matin, pour me faire traverser ce même bras de mer en sens inverse !

– Je serai là ! Tu peux compter sur moi, répond l'homme.

– Ne parle de moi à personne et sois seul sur ton bateau ! Sinon, par Zeus, je te passerai mon épée au travers du corps ! prévient le roi d'Élis.

– Il sera fait selon tes ordres !

Sans perdre un instant, le roi poursuit sa

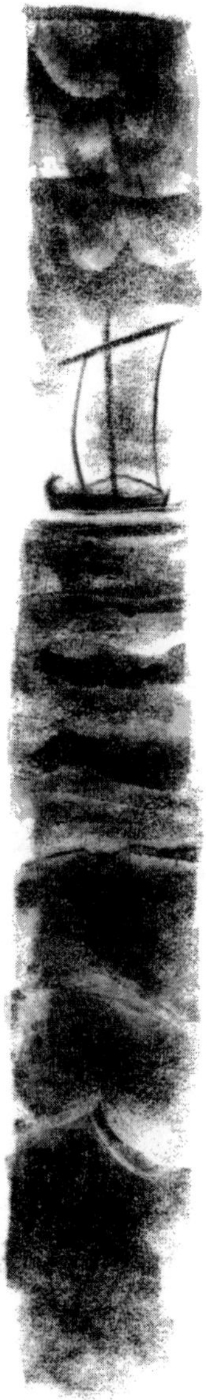

route vers le nord. Il parvient enfin au temple de Delphes.

– Ô Pythie, dis-moi ce que je dois faire pour apaiser la colère des dieux, mon royaume est ravagé par la peste.

Sans lui répondre, sans même le regarder, la Pythie se penche sur son creuset dans lequel brûlent perpétuellement des huiles et des herbes sacrées. En entendant le mot « peste », elle a pris une pincée de poudre dans une urne et l'a jetée dans le creuset. Une épaisse fumée s'en élève.

La Pythie la contemple, comme en extase. Puis d'une voix faible, à peine distincte, elle murmure :

– Retourne immédiatement chez toi et organise des Jeux afin que les dieux cessent de tourmenter ton royaume ! Nomme-les « Olympiques »! Et que les meilleurs athlètes de la Grèce s'y disputent une modeste couronne d'olivier.

Le roi remercie et quitte le sanctuaire, non

sans accomplir les rites d'usages ni sans verser les oboles qui conviennent.

Il remonte sur son char. Prend la route du Sud. Et réfléchit tout en menant ses chevaux à grande vitesse : « La Pythie a dit : "Nomme-les Olympiques !" C'est donc que les dieux veulent que ces Jeux se déroulent près du sanctuaire de Zeus, non loin d'Élis ! »

Le roi retrouve le passeur, le paye généreusement et rentre dans sa ville à la nuit tombée. Il convoque l'un de ses soldats les plus fidèles dont il connaît les qualités de négociateur :

– Il faut conclure de toute urgence un accord avec la ville de Sparte. Les dieux m'ont donné l'ordre d'organiser des grands Jeux à Olympie. Or, pour que les athlètes puissent y venir et pour que les spectateurs se rendent à Olympie en toute sécurité, il faut établir une trêve sacrée avec la redoutable Sparte, explique le roi.

– J'ai compris. Je partirai demain dès l'aube, répond le soldat.

– Non ! Pars tout de suite, l'affaire ne souffre aucun délai.

– Qu'il soit fait selon ta volonté !

Le soldat se rend aux écuries, choisit le meilleur cheval et, au milieu de la nuit, se met en route pour Sparte.

Deux jours plus tard, il est de retour à Élis. Son cheval écume. Et lui, il a du mal à marcher. Il est resté à cheval ces deux jours. Il n'en est descendu que pour l'entrevue avec les deux rois de Sparte[1].

– Alors ? Qu'a dit Sparte ? demande le roi d'Élis.

– Les rois ont accepté qu'une trêve suspende tous les combats.

– Tu as bien rempli ta mission ! Va te reposer ! dit le roi.

Les premiers Jeux sont immédiatement organisés.

La ville est délivrée de la peste.

---

1. La ville de Sparte avait toujours deux rois à sa tête.

Une autre légende raconte que les Jeux auraient été fondés par Héraclès.

Ce héros, si célèbre pour sa force, marchait un jour le long du fleuve Alphée. Ses quatre frères l'accompagnaient.

Est-ce le calme environnant ? Est-ce l'ennui de marcher si tranquillement ? Nul ne le sait. Mais soudain Héraclès se tourne vers ses frères et leur dit :

– Lequel d'entre nous court le plus vite ?

– Moi ! répondent-ils en chœur.

Et ils éclatent de rire !

– Le meilleur moyen de le savoir est de nous mesurer. Cet endroit est idéal pour cela ! dit Héraclès.

– Et que gagnera le vainqueur ? demande le premier des frères.

– Un plat en or ? Quel dommage que nous n'en ayons pas emporté ! s'exclame le deuxième.

– Une ceinture d'argent ? Mais nous n'en avons pas emporté non plus ! se désole le troisième.

– Un bouclier d'airain ? Mais nous n'avons que nos vêtements sur nous ! dit le quatrième.

– Le vainqueur recevra la gloire d'avoir gagné et... une couronne de cet olivier que j'aperçois là-bas, décide Héraclès.

– D'accord ! Mais il nous faut d'abord déterminer précisément la longueur de la course. Et nous n'avons pas les instruments dont usent les géomètres pour mesurer les distances. Comment allons-nous faire ? demandent les quatre frères d'Héraclès.

– Facile ! Regardez ! répond vivement le héros.

Il prend un bâton et trace sur le sable une marque à l'arrière de son talon gauche. Puis il pose le pied droit de telle manière que son talon droit touche le bout de ses orteils gauches. Il avance alors le pied gauche, son talon gauche touchant le bout de ses orteils droits. Et ainsi de suite.

Ses frères le regardent en riant.

– Préviens-nous quand tu auras fini ! Nous

allons nous baigner pendant que tu mesures la piste !

Héraclès ne répond pas. Il compte et ne veut pas se tromper dans son calcul.

– Trente, trente et un, trente-deux, trente-trois... cent cinquante... Quatre cent vingt-cinq... cinq cent quatre-vingt-dix-neuf, SIX CENTS !

Héraclès crie ce dernier chiffre pour signifier qu'il a terminé de mesurer la piste puis fait une marque sur le sol, juste devant ses orteils.

Ses frères sortent de la rivière et viennent s'aligner là où Héraclès a posé la marque de départ.

Un orage gronde au loin. Le prochain coup de tonnerre donnera le signal du départ.

Tonnerre ! Les cinq frères sont partis comme des flèches.

C'est Héraclès qui gagne la course et reçoit la modeste couronne d'olivier.

Depuis, les Jeux d'Olympie commémorent,

tous les quatre ans, cette course dans laquelle un dieu s'illustra.

Les siècles ont passé, les hommes ont lutté, couru. Ils se sont mesurés les uns aux autres en respectant les règles de l'honneur.

La ville d'Élis n'a jamais failli à son devoir et a toujours organisé des Jeux de plus en plus grandioses. Nul doute que, cette fois encore, elle se montrera digne de sa réputation.

Dans toutes les villes du monde connu, des spondophores annoncent l'ouverture de la Trêve sacrée :

« Que chacun, athlète ou simple spectateur, se mette en route vers Olympie, sans craindre pour sa sécurité. Il marche sous la protection des dieux ! »

Voici l'essence même du message des spondophores ! Un message d'émulation et de paix.

II

LE SERMENT
OU L'HONNEUR DES HOMMES

– JE JURE que je me conduirai avec honneur et dignité.

– Je jure que je n'userai pas de tromperie.

– Je jure que je suis un homme libre, un citoyen grec, et que je n'ai jamais été condamné à une peine infamante.

Tous les athlètes, la main levée vers l'autel de Zeus, prêtent, ensemble, ce serment solennel. Leurs voix résonnent dans l'Altis, cette enceinte qui garde la mémoire de la première course. Celle, originelle, mesurée par le pied d'Héraclès.

Le ciel est rouge, presque noir. La lune, éclatante de lumière, se lève. La nuit augmente encore la solennité du moment.

Les temples, dédiés aux dieux de l'Olympe, témoignent du caractère sacré de la cérémonie du serment. Et c'est au pied de l'autel de Zeus, le plus puissant des dieux, que les paroles qui engagent l'honneur des athlètes sont proclamées.

Tout à Olympie semble, à cet instant, participer à l'atmosphère sacrée. Elle est presque palpable.

Les oiseaux se taisent. Les grenouilles, sur les rives toutes proches de l'Alphée, n'ont pas encore entonné leurs chants nocturnes.

La foule, immense, est silencieuse. Une foule composée d'hommes et de femmes venus, parfois de très loin, assister aux Jeux d'Olympie.

Le sauf-conduit délivré par les spondophores garantit la sécurité des spectateurs et des athlètes, la Trêve sacrée a permis à tous de circuler librement.

Combien sont-ils ? Des milliers, plusieurs milliers.

Certes, la majorité des spectateurs est grecque, mais on reconnaît aussi des hommes dont la haute taille et les cheveux clairs trahissent l'origine ; ils viennent du Nord. D'autres sont nés, loin là-bas, vers le soleil levant, comme en témoignent leurs habits plus colorés que ceux des Grecs.

Sans doute les uns et les autres étaient-ils, il y a à peine quelques mois ou même quelques semaines, engagés dans des combats meurtriers. Mais ici, à Olympie, règne la paix.

Le silence de cette foule est impressionnant. Chacun sent, jusqu'au fond de l'âme, l'importance de ce serment. Il symbolise tout ce en quoi ces hommes placent leur foi. Il symbolise la valeur sacrée de la parole donnée. Il garantit la confiance qu'un homme doit pouvoir accorder à un autre homme.

L'athlète qui trahirait ce serment, qui faillirait aux règles de l'honneur et de la dignité serait exclu, à vie, des Jeux olympiques. La honte l'accompagnerait jusqu'à la fin de ses jours. Et pire encore, si cela est possible, il ternirait à tout jamais la renommée et la gloire de sa cité.

La cérémonie du serment s'achève. Les derniers mots flottent encore au-dessus d'Olympie.

Les trompettes sonnent.

La foule hurle sa joie.

Olympie est rendue au brouhaha, aux cris de la foule où l'on entend parler toutes les langues du monde.

Un grand banquet clôt cette journée d'ouverture des Jeux. Il a lieu dans un bâtiment officiel. Non loin du temple de Zeus. Tout ce qu'Olympie compte de personnes importantes s'y rend en cortège.

D'abord les juges, que l'on nomme les hellanodices. Somptueusement vêtus de robes rouges, ils officieront tout au long des Jeux. Ils veillent au bon déroulement des épreuves. Ils ont tout pouvoir pour exclure ceux qui les troubleraient. Ils proclament les vainqueurs.

Après les juges marchent les prêtres, vêtus de blanc. Suivent ensuite les personnalités officielles : des rois, des généraux, des poètes, des philosophes.

Parmi eux, deux personnes donnent un lustre particulier à cette Olympiade.

La première est le gouverneur d'Athènes : Périclès. Sans doute l'homme le plus important de Grèce et peut-être même de tout le monde connu. Il a renforcé les principes de la démocratie en permettant que tous les citoyens, même pauvres, puissent participer à la vie politique. Sous sa gouverne, Athènes semble à l'apogée de sa puissance.

La seconde personne est aussi un Athénien, mais il ne doit pas sa notoriété à son action politique. Il la doit à la force de sa parole, à la puissance de son enseignement. Il s'agit du philosophe Socrate.

Puis viennent les athlètes, leurs entraîneurs et enfin la foule, restreinte cependant car peu d'invités ont eu l'honneur d'être conviés à ce banquet nocturne.

Dans cette assemblée composée de quelques centaines d'hommes, deux jeunes gens sont particulièrement émus et heureux d'être là. Ils viennent de loin, de très loin. Ils sont nés sur les bords de la Méditerranée, bien au-delà de la Sicile, à Massalia. Leurs familles, d'origine athénienne, s'y sont installées pour faire le commerce des poteries. Leurs affaires marchent bien.

Ces deux jeunes gens se nomment Lykos et Ménon. Ils se connaissent depuis toujours, ont le même âge et sont venus ensemble à Athènes pour accomplir leur service militaire et achever leurs études.

Leur séjour en Grèce se termine. Ils devront

regagner leur lointaine province à la fin de cette 88e Olympiade.

La notoriété de leurs familles leur offre la chance de faire partie de ce groupe privilégié de spectateurs qui assistent aux cérémonies officielles et qui sont logés confortablement dans la grande auberge, récemment construite, juste au-delà du mur sacré de l'Altis.

Alors que les juges, les prêtres, les invités du banquet prennent place dans la grande salle du Prytanée, les athlètes et leurs entraîneurs sont allés s'habiller. En effet, durant la cérémonie du serment ils étaient nus, ainsi que le veut la coutume grecque.

– Sais-tu pourquoi les entraîneurs sont obligés de se présenter sans vêtements, comme les athlètes ? demande Ménon à Lykos.

– Non. Mais toi, tu as l'air de le savoir. Alors raconte.

Ménon est ravi de savoir quelque chose que Lykos ignore. Lykos connaît tout. Ou presque. Il peut citer le nom des vainqueurs des épreuves passées. Il est incollable sur les règles qui régissent les luttes, les courses, les sauts.

– En fait, c'est à cause d'une femme !

– C'est étonnant puisque les femmes n'ont pas le droit d'assister aux épreuves ; elles doivent rester en dehors de l'enceinte sacrée de l'Altis. Et, que je sache, la seule femme présente aux Jeux est la grande prêtresse de Déméter[1].

– Eh bien, voilà : un jour, à l'issue d'une course, au moment où les hellanodices proclamaient le nom du vainqueur, un entraîneur se précipita pour féliciter son athlète et, dans sa hâte, trébucha. Sa tunique tomba à terre. Et tout le monde vit alors qu'il s'agissait d'une femme. Scandale des scandales ! Une femme dans l'enceinte sacrée !

– A-t-elle été mise à mort ainsi que le prévoit l'antique règlement ? demande Lykos.

---

1. Déméter : la déesse de la fertilité et des moissons.

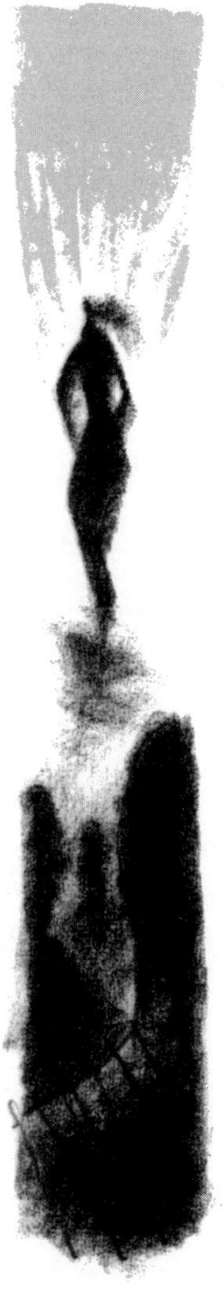

– Les juges ont hésité. Certains voulaient l'application stricte de la loi. Ils se prononçaient pour la mort et exigeaient que cette femme, sacrilège, soit immédiatement jetée du haut du précipice en dehors de la ville. D'autres firent valoir que cette femme était la veuve d'un champion et qu'elle avait, elle-même, entraîné son fils afin qu'il soit digne de son père. Et manifestement, elle l'avait bien entraîné puisqu'il avait gagné. À ce titre, elle méritait peut-être des circonstances atténuantes. Un jugement clément fut donc prononcé. Cette femme dut quitter Olympie sur-le-champ et garda la vie. Mais pour ne pas qu'un tel scandale se reproduise, il fut décidé que, dorénavant, dans les parties de la ville consacrées aux cérémonies rituelles et aux épreuves, non seulement les athlètes seraient nus, selon la coutume grecque, mais aussi leur entraîneur.

Comme Ménon achève son explication, les athlètes et les entraîneurs, maintenant vêtus, font leur entrée dans le Prytanée, dignement accueillis par les invités. Le banquet se déroule joyeusement.

Quand il se termine, la nuit touche à sa fin. Lykos et Ménon n'ont pourtant pas sommeil. Ils se promènent, sous la clarté de la lune. Ils visitent Olympie, en admirent les temples. Chaque dieu a le sien. Mais le plus grand, le plus beau, l'Olympien, est celui de Zeus.

– Et si nous entrions voir la statue de Phidias ? propose Ménon.

– Je ne suis pas sûr que nous en ayons le droit, murmure le raisonnable Lykos.

– Écoute, on ne fait rien de mal. Je t'assure que je n'ai pas l'intention d'y graver mon nom. On regarde et on s'en va. Tu viens ?

Ils ajustent leurs vêtements, passent la main dans leurs cheveux pour les ordonner un peu, bien qu'ils soient coupés court, et entrent dans le temple. Il est immense. Soixante-cinq mètres de long sur vingt-huit mètres de large.

Dans la partie la plus sacrée du temple se

trouve la fameuse statue de Zeus que Phidias vient d'achever. Elle est gigantesque. Elle représente le plus puissant des dieux assis sur un trône de bronze et d'ébène incrusté de pierres précieuses.

– On dirait qu'il est vivant et qu'il nous regarde, souffle Ménon à l'oreille de Lykos.

Il est vrai que les plaques d'or et d'ivoire peint donnent l'illusion de la vie.

– Allez, on y va maintenant, dit Lykos.

Sans bruit, les deux jeunes gens sortent du temple.

Leur sommeil sera très court.

Les étoiles commencent à pâlir.

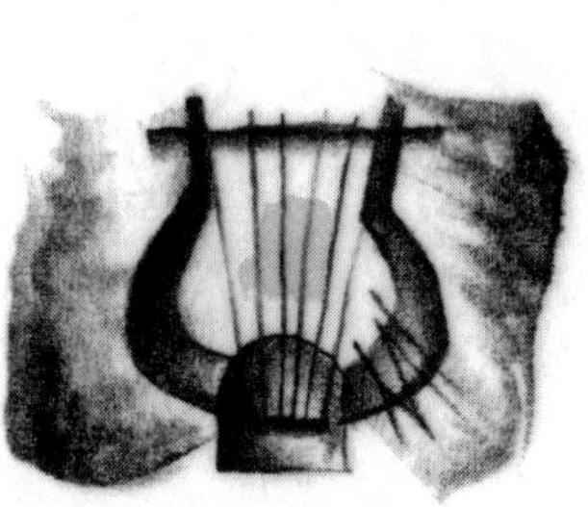

III

LES COURSES
OU LA GLOIRE ÉTERNELLE

« PAS LA POUSSIÈRE ! »

« Pas la poussière ! »

« Pas la poussière ! »

Pour Symmachos, l'univers se réduit à cette portion de sable blond qui défile sous ses pieds.

Surtout ne pas voir la poussière s'élever de la foulée du Rhodien qui le précède à peine. Sinon c'est perdu.

Son entraîneur le lui a dit sur tous les tons. Calmement, lors de leurs conversations quant à la stratégie à observer sur le stade. Puis avec vigueur, et même avec fureur, au bord de la piste pendant les entraînements.

– Si tes pieds touchent le sable au moment où la poussière s'élève sous les pas de celui qui te précède, tu es perdu. Tu dois coller à lui, sinon jamais tu ne parviendras à remonter à sa hauteur sur la longueur du stade. Tu n'auras plus qu'à t'incliner devant plus fort que toi !

« Pas la poussière ! Pas la poussière ! »

Symmachos ne pense qu'à ces mots. Ils résonnent dans sa tête, au rythme de sa course. C'est comme si un tambour battait à côté de lui. Il ne pense qu'à cette poussière qu'il ne doit pas voir retomber sous le pas du Rhodien.

Et il ne la voit pas.

Il est trop près.

Il est même tellement près qu'il croit être le premier.

Mais non !

Cette aile qui bat à côté de lui, c'est la main du Rhodien.

Cette forge qu'il entend à côté de lui, c'est la respiration du Rhodien.

Ces deux massues qui dansent à côté de lui, ce sont les genoux du Rhodien.

Or s'il distingue la main, s'il perçoit la respiration, s'il sent les genoux de celui qui court à côté de lui, c'est qu'il est légèrement en retrait. C'est qu'il est toujours second et pas encore premier.

De tout cela, Symmachos a une conscience claire : « Si je n'accélère pas, je verrai la poussière... je verrai la poussière », se dit-il avec lucidité.

Alors cherchant la force au centre de sa poitrine, Symmachos tire plus fort sur ses bras, lève plus haut les genoux, lance plus loin son pied sur le sable blond.

« Pas la poussière ! »

« Pas la poussière ! »

Ses tempes battent. Le sang cogne dans ses oreilles. Sa respiration devient rauque.

Symmachos court.

Il court.

Il ne sent plus rien. Il n'entend plus rien. Seule existe la course.

Le temps est suspendu. Un silence étrange comme un brouillard l'enveloppe.

Il court.

Soudain son entraîneur se jette devant lui.

« Mais que fait-il ? Pourquoi vient-il interrompre ma course ? Il va me faire tomber ! »

Et en effet, Symmachos tombe, et dans sa culbute, il voit le Rhodien franchir la ligne d'arrivée après lui.

« Il est derrière moi ! pense-t-il enfin. Mais alors... j'ai gagné ! »

La joie qui éclate sur le visage de son entraîneur, la foule qui scande son nom confirment cette évidence.

« J'ai gagné ! J'ai gagné ! » se répète-t-il comme tout à l'heure il se répétait : « Pas la poussière ! Pas la poussière ! »

Tous les spectateurs sont debout pour l'acclamer. Même Périclès s'est levé.

Sa tête tourne. Il comprend ce que signifie l'ivresse de la victoire.

Ce moment tant attendu, tant incertain, est arrivé. Toutes ces heures passées sur le stade et dans la palestre[1]. Tous ces exercices que lui imposait son entraîneur, tous ces régimes que lui ordonnait son médecin. Toute cette sueur qui a coulé de son corps, toutes ces larmes aussi quelquefois. Larmes de douleur, de découragement, de fatigue, de dépit.

Tout cela a disparu comme par enchantement. Ou plutôt tout cela a enfin pris son sens.

La victoire !

Symmachos est toujours à terre.

Le Rhodien s'abat à côté de lui. À bout de souffle. Les autres concurrents franchissent en désordre la ligne d'arrivée.

Peu importe d'être le quatrième, le sep-

1. Palestre : bâtiment où les athlètes s'exercent à la lutte, au pugilat et où ils s'échauffent avant les épreuves.

tième ou le dernier. Il n'y a qu'un vainqueur et ce n'est aucun de ceux-là.

C'est Symmachos dont les juges proclament le nom. Symmachos qui recevra la couronne d'olivier.

Les autres coureurs ne sont plus rien. Pas même le Rhodien qui a failli gagner. Beau joueur, il se relève le premier, tend la main à Symmachos et l'aide à se mettre debout.

Symmachos savoure les vivats de la foule. Il a gagné cette couronne si convoitée. Il a gagné la couronne qui récompense le vainqueur du *dromos,* la course du stade.

Symmachos a couru sur cette piste, rectiligne, de 600 pieds. Il a parcouru les deux cents mètres qui lui assurent une gloire éternelle. Et c'est un peu comme s'il avait mis ses pas dans ceux d'Héraclès puisque c'est le pied de ce héros qui servit de mesure pour construire le stade.

Le service d'ordre chargé de dégager les pistes fait aimablement mais fermement remarquer aux coureurs qui s'attardent sur le stade que le départ du *diaulos* va bientôt être donné.

Alors que Périclès l'appelle pour l'inviter à suivre les autres courses de la journée dans la tribune d'honneur, Symmachos pose son bras sur l'épaule de son concurrent rhodien. Périclès comprend la signification de ce geste et invite aussi le Rhodien.

Déjà les trompettes sonnent pour annoncer cette prochaine course du double stade.

Les coureurs se présentent devant les juges. Un héraut proclame le nom de chacun d'entre eux. Ils reçoivent l'ordre de s'aligner, en se plaçant à un mètre vingt-cinq les uns des autres. Honte et déshonneur à celui qui ne respectera pas cette distance tout au long de la course.

Pieds nus, parfaitement propres, le corps frotté d'une huile qui protège la peau de la poussière et, surtout, rend bien visible le jeu des muscles, les athlètes sont figés dans l'attitude du départ.

Debout, le buste penché en avant, les pieds presque joints. Un bras plié le long du torse et poing fermé, l'autre bras allongé à l'horizontale, main tendue, les coureurs attendent le signal du départ.

Le signal est donné.

Les athlètes s'élancent.

Les pieds frappent le sol. Les bras roulent le long de leur corps. Les jambes semblent animées d'un mouvement autonome. Les foulées sont plus longues que celles des coureurs du simple stade.

Des cris d'encouragement fusent d'un groupe de Syracusains. C'est en effet un citoyen grec, éleveur de chevaux à Syracuse, qui tourne le premier autour de la borne au bout du stade.

Lykos le connaît et l'encourage aussi :

– Vas-y Philippe ! crie-t-il à l'unisson.

Ménon ne parvient pas à détacher les yeux

des pieds des coureurs. Les uns ne semblent courir que sur la pointe du pied, d'autres au contraire le déroulent totalement, du talon aux orteils.

Philippe accomplit une course parfaite.

Il est déclaré vainqueur du *diaulos*.

Les Syracusains exultent. Lykos aussi.

– C'est rare de te voir aussi enthousiaste, ne peut s'empêcher de lui dire Ménon.

Lykos ne répond pas. Il a déjà quitté sa place pour descendre sur la piste et féliciter de vive voix le vainqueur.

Encore une fois, le service des pistes fait son office.

Lykos, après avoir salué Philippe, revient rapidement auprès de Ménon pour assister aux deux épreuves de fond.

Un certain Gorgias gagne la première des courses *au long stade*, qui exige que l'on parcoure douze fois la longueur de la piste.

La seconde, éprouvante, contraint les athlètes à doser leurs efforts selon des techniques multiples. Il faut, en effet, parcourir vingt-quatre fois la longueur du stade, soit près de cinq kilomètres. Cette course se nomme *dolichos*. Les coureurs doivent maîtriser à la fois la course ample, à la longue foulée régulière qui convient aux grandes distances, mais aussi les accélérations vives pour prendre la tête et distancer les adversaires. Et, en fin de parcours, être encore capables de se livrer à une course presque aussi rapide que celle du *dromos* sur la dernière longueur.

Rares sont ceux qui participent à la fois aux courses rapides et aux courses de fond.

Aujourd'hui, Symmachos s'y risque. Bien reposé du *dromos* et fortifié par sa victoire, il prend le départ du *dolichos*.

Les spectateurs acclament les athlètes.

Le départ est donné dans un désordre apparent. Puisque les coureurs ont presque cinq kilomètres à parcourir, les juges sont moins pointilleux sur l'ordre de départ. Chacun des concurrents aura le temps de trouver une place dans le groupe.

Dès les premières longueurs de stade, Symmachos repère deux adversaires : un citoyen de l'île de Samos et un Athénien. Le premier se nomme Agémon, le second Timocrate. Ils n'ont pas pris la tête mais Symmachos a tout de suite remarqué la qualité de leur foulée. Il a vu aussi combien ces deux coureurs sont attentifs à ce qui se passe autour d'eux.

« Je vais essayer de les suivre », décide Symmachos. Et de sa rapide foulée de vainqueur de *dromos*, il se fraye un passage parmi les concurrents pour venir se placer juste derrière Agémon et Timocrate.

« Il ne faut pas que je les perde. Je vais m'accrocher à eux », calcule Symmachos.

Les tours de stade s'ajoutent aux tours de stade. Un code sonore, soufflé par les trompettes, avertit les athlètes du nombre de tours effectués.

Soudain, au dernier quart de la course,

Agémon et Timocrate accélèrent : ils prennent la tête des coureurs. Symmachos suit. Difficilement, mais il parvient quand même à la troisième place.

Il ne reste bientôt plus que quatre tours. Les deux premiers coureurs, comme d'un commun accord, augmentent la longueur et la puissance de leur foulée.

« Mais ils sont fous ! Jamais on ne pourra garder ce rythme d'enfer jusqu'à la fin ! s'inquiète Symmachos. En tout cas pas moi ! Mes forces m'abandonnent. »

C'est alors qu'il reconnaît au milieu des cris de la foule la voix de son entraîneur qui hurle :

– Pas la poussière !

S'il en avait encore la force, Symmachos sourirait de cette injonction lancée par celui qui l'a conduit à la victoire ce matin. Toutefois, ce cri lui fait l'effet d'un coup de fouet, ou plutôt d'un seau d'eau rafraîchissant. Il colle aux deux premiers qui accélèrent encore.

Et brusquement, Symmachos comprend la

raison de cette accélération subite : un coureur a surgi du groupe de queue. Il monte très haut les genoux, presque aux épaules. Il élève haut les bras. La technique spartiate.

« Tiens, je ne l'avais pas vu venir celui-là ! s'étonne Symmachos. Eux, oui... mais ils doivent avoir des yeux dans le dos ! »

Le Spartiate parvient à sa hauteur. Il est petit, sec de visage, fermé. Il ne grimace pas sous l'effort comme la plupart des coureurs. Il se nomme Télès. Il double Symmachos.

Au dernier tour, Télès est en seconde position derrière Agémon.

Agémon résiste : il accélère encore et franchit la ligne d'arrivée en vainqueur, sous les hurlements de la foule.

Le Spartiate est toujours second, Timocrate troisième et Symmachos doit être dixième, tant il s'est laissé distancer dans la dernière longueur.

« Mais au moins j'ai terminé la course », se dit-il, content de lui tout de même.

Le vainqueur, venu de la petite île de Samos, salue la foule qui l'acclame.

Agémon lève les bras à l'horizontale, les paumes tournées vers le sol. Il demande le silence. Quand il l'obtient, il proclame d'une voix forte :

– Je dédie ma victoire à la mémoire de Ladas qui, moins heureux que moi, perdit la vie sur cette piste. Que son nom ne soit jamais oublié !

Le Spartiate, en entendant ces mots, se jette dans les bras d'Agémon.

– Je suis fier d'avoir été battu par un homme comme toi, qui n'oublie pas les morts valeureux, même s'ils sont dans le camp adverse, dit-il, ému.

Tous, les spectateurs, les juges et les coureurs, ont alors une pensée pour ce Spartiate qui s'écroula après avoir parcouru le *dolichos.*

La plupart d'entre eux étaient là quand, lors de la course *au long stade*, Ladas franchit la ligne d'arrivée en vainqueur et, comme Symmachos le fit tout à l'heure, tomba à terre.

Mais Ladas ne s'était pas relevé. Il expira peu après.

C'était il y a huit ans.

Un monument a été construit à sa mémoire au bord de la rivière et son nom a été donné à la palestre dans laquelle il avait coutume de s'entraîner.

Après cette journée de courses mémorables, la foule quitte le stade.

On va se restaurer dans les auberges d'Olympie ou se baigner dans l'Alphée. Certains rejoignent leurs femmes qui n'ont pas eu le droit de pénétrer dans l'enceinte des Jeux. C'est ce que fait Périclès. Aspasie l'attend. Elle a réuni quelques poètes et ils vont ensemble passer la soirée à écouter de la musique et les poèmes des uns ou des autres.

IV

Les Épreuves de lutte ou Le renom de Milon de Crotone

– Regarde ses oreilles ! Elles sont complètement déchiquetées et écrabouillées.

Ménon a raison, il a une drôle de tête, Phérès, ce champion de Sparte. Non seulement ses oreilles sont en bouillie mais son nez n'est certainement pas tel que le lui fit sa mère. Il est cassé et complètement aplati.

– Je te ferai remarquer que son adversaire n'est guère plus beau de ce point de vue.

En effet, Critias, qui combat pour Athènes, présente lui aussi ces effroyables cicatrices permettant de reconnaître parmi les lutteurs ceux qui ont pour spécialité le pugilat et le pancrace.

Ces luttes sont des exercices violents. Très violents. Il est seulement interdit de tuer son rival, volontairement ou involontairement. À part ça, tous les coups sont permis.

Lykos et Ménon se tiennent tout au bord de l'arène de sable sur laquelle vont se dérouler les épreuves.

Il fait chaud.

Les juges viennent de procéder au tirage au sort pour désigner les adversaires. Ils ont plongé la main dans une urne qui contient autant de jetons que de candidats. Sur chaque jeton est gravée une lettre et il y a toujours deux jetons marqués d'une lettre identique. Seront donc adversaires les deux lutteurs qui auront tiré la même lettre.

Aujourd'hui le hasard a bien fait les choses.

Comme pour augmenter l'intérêt et la ferveur des spectateurs, le sort a désigné comme rivaux les athlètes de deux villes constamment en guerre l'une contre l'autre.

Critias a les faveurs de Lykos et Ménon. Il a l'air moins hargneux que Phérès.

Les deux pugilistes se préparent. Ils entourent leurs mains et leurs avant-bras de courroies de cuir qu'ils ajustent avec beaucoup de soin. Leurs poings sont impressionnants. On dirait des massues.

– Te souviens-tu de cette histoire horrible où, il y a de nombreuses années, un champion fut éventré par son adversaire ? demande subitement Lykos.

– Pas du tout ! Raconte. On a le temps pendant qu'ils se préparent, répond Ménon.

– Eh bien, imagine deux lutteurs qui combattent des heures et des heures sans parvenir à se départager.

– Et les juges, ils ne sont pas intervenus ?

– Non, ils n'interviennent que s'il y a un manquement très grave aux règles de l'honneur.

– Que s'est-il passé alors ?

– Finalement, les deux combattants se mirent d'accord pour ne plus esquiver les coups. L'un, Damoxène, combattait pour Syracuse. L'autre, Kreugas, défendait les couleurs de la ville d'Épidamne. Puis, soudain, on ne sait pas ce qui lui prit, Damoxène fut saisi d'une rage meurtrière et donna un coup si violent au bas-ventre de Kreugas qu'il l'éventra littéralement. Kreugas est mort dans l'arène.

– Qu'est-ce qu'ils ont fait, les juges ?

– Ils ont chassé Damoxène et ont donné la couronne du vainqueur au mort.

Ménon imagine très bien la scène : les cris des spectateurs, le sang, les entrailles. La mort de Kreugas. La honte de Damoxène. Il frissonne.

À présent, Critias et Phédès sont prêts.

Les deux athlètes, au centre de l'arène, se mesurent du regard. Les poings levés à la hauteur du visage, les pieds toujours en mouvement, ils se livrent à une ronde sautillante. Chacun cherche à tourner le dos au soleil.

Phérès parvient le premier à fixer son adversaire face au soleil. Critias est aveuglé par la lumière du matin. Phérès en profite pour lui assener quelques coups que l'autre pare habilement.

Tout à coup, les deux combattants s'empoignent. Leurs bras s'entremêlent, les coups sont donnés sans élan mais avec force. Les cages thoraciques résonnent.

Phérès est le plus léger. Mais il sait convertir ce désavantage en atout : il réussit à se dégager de l'étreinte de Critias. Et se met à tourner autour de lui comme un taon asticotant un bœuf. Il reçoit bien quelques coups, mais son agilité et son endurance lui permettent de revenir immédiatement à la charge.

Le combat dure longtemps.

Les premiers signes de fatigue apparaissent sur le visage de Critias l'Athénien.

Phérès, le Spartiate, accélère ses assauts, se projette en avant, recule, revient. Il harcèle Critias. Quand il l'estime suffisamment épuisé, il le frappe, d'un coup vif et précis, au-dessus du nez, entre les sourcils. Le sang jaillit, Critias en est aveuglé.

Phérès martèle alors son adversaire. Il le frappe surtout à la tête et lui broie les oreilles en les frottant de ses poings entourés de cuir.

Critias tombe à terre, tente de se relever. Mais à peine est-il parvenu à se redresser qu'un coup de Phérès l'expédie à nouveau sur le sable.

Le visage complètement ensanglanté, Critias ne sait plus où il est. Ses paupières sont tellement tuméfiées qu'il ne peut ouvrir les yeux. Et le pourrait-il que le sang qui coule de ses arcades sourcilières l'empêcherait de voir son adversaire.

Critias, au sol, lève les deux mains au-dessus de sa tête. Ce geste signifie qu'il reconnaît que Phérès est plus fort que lui.

À Phérès la couronne d'olivier.

– J'aurais préféré que la victoire revienne à Critias, mais je dois admettre que Phérès a combattu avec intelligence et honneur, déclare Ménon.

La foule des spectateurs crie sa joie d'avoir assisté à une belle lutte, puis la plupart d'entre eux quittent l'arène.

Les prochains combats n'auront lieu que dans une heure environ. Une heure consacrée au tirage au sort des pugilistes et à la réfection de l'arène.

Ménon et Lykos quittent, eux aussi, l'enceinte des Jeux et décident de se promener dans l'Altis.

Ils ne sont pas les seuls à avoir cette idée ! Par petits groupes, les spectateurs passent devant les statues qui commémorent les hauts faits de ceux qui se sont illustrés à Olympie.

– Regarde, voici la statue de Glaucus, remarque Ménon.

Glaucus était un paysan. Un jour qu'il labourait la terre, le soc de sa charrue s'était détaché. Son père, qui travaillait à côté de lui, le vit alors se servir de son poing comme d'un marteau pour remettre le soc en place. Le père était sidéré. « Mon fils est fait pour combattre à Olympie ! » songea-t-il. Dès lors, il négligea un peu les labours pour pouvoir entraîner Glaucus.

Vint le jour du combat. Glaucus se laissa rapidement déborder par son adversaire qui virevoltait autour de lui. Il était sur le point de succomber lorsque son père lui cria :

– Frappe, mon fils ! Frappe comme sur la charrue !

Aussitôt, Glaucus assena quelques coups prodigieux. Son adversaire tomba à terre et demanda que le combat s'arrête là.

Glaucus fut proclamé vainqueur.

– Ça alors ! s'exclame Lykos. Regarde, Ménon, la statue d'un vieillard au milieu de celles représentant des hommes jeunes !

– Qui est-ce ? demande Ménon.

– Je ne sais pas, admet Lykos.

Ils se renseignent. C'est la statue d'un certain Timanthe. Il est représenté vieux, très vieux, un arc à la main.

Timanthe était un athlète valeureux. Il fut déclaré vainqueur dans de nombreuses épreuves : à la lutte, mais aussi au javelot et au saut. L'âge venu, il cessa de participer aux Jeux olympiques. Mais il continua à s'entraîner régulièrement. Pour mesurer sa force et son adresse, il tirait tous les jours à l'arc. Puis il fit un voyage qui le contraignit à interrompre cet exercice. À son retour, il s'aperçut que sa force et son adresse avaient diminué, presque disparu. Et, sur-le-champ, il dressa lui-même un bûcher, y mit le feu et se jeta dans les flammes.

– Brrr ! C'est pousser un peu loin le culte de sa propre force ! conclut Ménon qui reprend aussitôt d'une voix joyeuse : Ah, voici la statue du fabuleux Milon de Crotone !

Milon est une véritable légende. Il a gagné cinq fois la couronne des Jeux d'Olympie, six fois celle des Jeux de Corinthe, dix fois celle des Jeux de Delphes et neuf fois celle des Jeux de Némée. Jamais encore il n'a été dépassé ni même égalé.

C'est au pancrace qu'il a remporté toutes ces victoires. Cette épreuve est terrible : une lutte au corps à corps où tout est permis. Même de garnir de plomb les lanières de crin dont les combattants s'entourent les mains et les avant-bras.

Milon était doué d'une force prodigieuse. On raconte qu'il parcourut le stade d'Olympie en portant un bœuf sur ses épaules. On raconte aussi qu'il sauva d'une mort certaine des disciples de Pythagore[1] réunis dans une salle dont le plafond s'effondra soudainement. Milon de Crotone, lui-même adepte de la philosophie de Pythagore, soutint une

1. Pythagore : philosophe et mathématicien grec du VIe siècle av. J.-C.

colonne qui empêcha l'écroulement total du bâtiment.

Nombreux sont les spectateurs des Jeux d'Olympie qui viennent se recueillir devant sa statue. Surtout aujourd'hui, et à cette heure, juste avant le début du pancrace.

Vite, chacun revient au stade et choisit un bon endroit pour assister aux combats de l'après-midi.

Le plus intéressant, le plus spectaculaire, est celui qui oppose le Crétois Ikadion au Thessalien Zénon.

Lorsque Ménon les voit se présenter dans l'arène, il donne un coup de coude à Lykos et lui chuchote pour ne pas être entendu de ses voisins :

– Ne crois-tu pas qu'il serait bon de tenir compte du poids et de la taille des adversaires pour désigner les candidats ?

– Non, je pense qu'il faut laisser faire le hasard. Après tout, à la guerre on ne choisit pas son adversaire. On ne dit pas au soldat ennemi : « Écarte-toi, tu es trop grand, je préfère combattre avec ton copain, il est nettement plus petit que toi ! »

– Oui, c'est vrai, tu as raison. Il y a de réelles similitudes entre les épreuves des Jeux et les combats guerriers, reconnaît Ménon.

– En fait, c'est l'esprit qui change, ajoute Lykos. La mort est écartée des Jeux, alors qu'elle est recherchée dans les guerres.

Zénon et Ikadion combattent avec fureur. Ce que l'un gagne par la force, l'autre le reprend immédiatement grâce à l'agilité. Leur sang se mêle à l'huile et au sable. On entend leur respiration et tous pensent alors à la forge d'Héphaïstos[1]. On croit même entendre les os craquer. Ces éclats blancs dans le sable, ne serait-ce pas les dents des protagonistes ?

Combien de temps dure le combat ? Une heure, deux heures ?

---

1. Héphaïstos : le dieu forgeron.

Finalement, le Thessalien, le plus lourd, parvient trois fois à faire toucher terre son adversaire. Zénon est proclamé vainqueur.

La foule quitte l'arène.

Lykos et Ménon vont se baigner et se préparer pour le banquet du soir. Il paraît que Socrate et Périclès l'honoreront de leur présence.

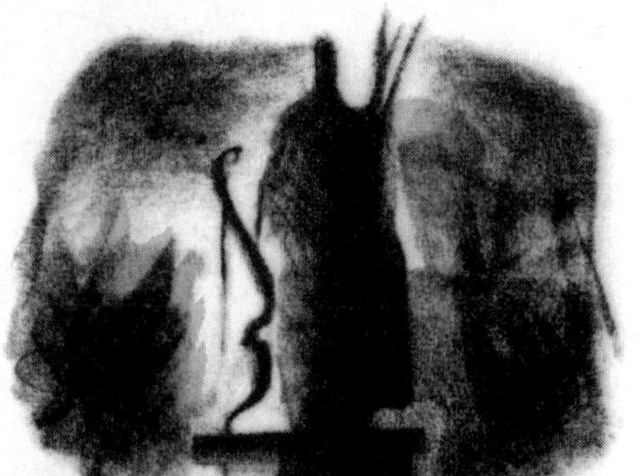

V

Les Chevaux montés ou La fusion homme-cheval

Le jour se lève.

– Il fait presque froid ce matin ! C'est ce petit vent aigre qui descend du nord, constate Ménon.

– Tant mieux ! les chevaux seront plus nerveux. Ils aiment bien la fraîcheur. Les courses seront rapides. Le spectacle va être grandiose.

Lykos s'apprête à vivre la journée qu'il attend depuis longtemps. Celle des courses de chevaux.

La foule des spectateurs est dense. Ces courses attirent toujours beaucoup de monde. Et certains ne viennent à Olympie que pour ces épreuves-là.

Un flux continu d'hommes de toutes nations se dirige vers la belle arène en forme de long rectangle. Lykos et Ménon ne sont plus maîtres de leur marche. Ils avancent au rythme de la foule. Attentifs seulement à ne pas tomber, car il est fréquent que des hommes trébuchent et qu'ils soient piétinés.

– Ce qui m'étonne toujours dans les mouvements de foule, c'est qu'à la fin, à part quelques malheureux, tout le monde finit par trouver sa place, crie Ménon à l'adresse de Lykos.

– Oui, c'est assez mystérieux. Peut-être que le dieu Hermès[1] veille particulièrement à la circulation ces jours-là ! répond Lykos en élevant la voix, lui aussi, pour se faire entendre malgré le bruit ambiant.

---

1. Hermès : le dieu des voyageurs ; il préside aux échanges.

Comme guidée par une main invisible, la foule envahit l'hippodrome.

Il est construit au bord de la rivière Alphée. Il mesure deux stades, soit à peu près quatre cents mètres. Selon les courses il faut parcourir quatre fois, huit fois ou douze fois la longueur totale de l'hippodrome. Aux deux extrémités de la piste, il y a des poteaux qu'il faut contourner. Le virage le plus dangereux est celui du côté est de l'arène.

Lykos et Ménon, choisissent de se poster au bord du fameux virage Ils accélèrent le pas car ils ne sont pas les seuls à vouloir être au premier rang.

Bientôt chacun a rejoint sa place.

Seuls les propriétaires de chevaux et les entraîneurs sont autorisés à se poster tout au bord de la piste.

Les trompettes attendent que le premier rayon de soleil éclaire la piste de sable blond.

– Ça y est ! Le soleil dépasse la pointe de la colline, les...

Ménon n'a pas le temps de finir sa phrase. Les trompettes sonnent le début des courses.

Au même moment, Lykos voit Périclès, aidé par le service d'ordre, s'installer discrètement dans la tribune d'honneur.

Puis les juges en robe rouge entrent dans l'hippodrome. Dès qu'ils sont prêts, un héraut annonce le défilé des concurrents.

– Ne me dis pas que tu y crois vraiment à l'existence de ce démon ! bougonne Lykos.

– Non... mais on raconte quand même de drôles d'histoires à propos du poteau, insiste Ménon.

– Quel poteau ? Tout à l'heure, tu me parlais d'un démon... et comment tu le nommes déjà ce démon ?

– Le Taraxippe, répond Ménon, de mauvaise grâce.

– Ah oui ! Le Taraxippe ! reprend Lykos d'un ton moqueur.

– Oh Lykos ! Quand tu prends cet air ironique, j'ai envie de te rouer de coups !

– Allez ! Ne te fâche pas, raconte-moi plutôt ce qu'on dit sur ce Taraxippe.

– Tu vois, ce poteau, le gros poteau noir ? demande Ménon.

– Oui, je le vois, répond Lykos d'un ton neutre.

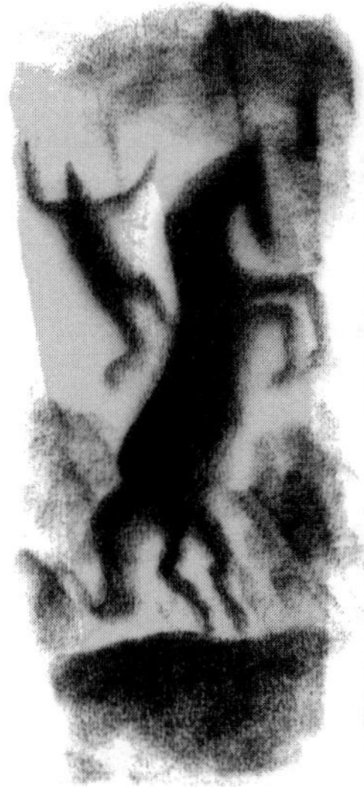

– Eh bien, d'après ce qu'on dit, c'est là que le démon se tapit et qu'il surgit quelquefois pour effrayer les chevaux. On raconte qu'il déchire les harnais et arrache les rênes des mains des cavaliers, explique Ménon, d'une voix détachée, comme s'il se contentait de rapporter des paroles auxquelles il ne croit pas vraiment.

– Ah bon ! Nous sommes donc très bien placés pour voir ce phénomène de près. Si ce Taraxippe sort de sa demeure, nous ne risquons pas de le rater, remarque Lykos en faisant bien attention à ne pas laisser percer une pointe d'ironie dans sa voix.

– Oui, seulement, ce démon n'est peut-être visible que pour les chevaux ! On dit que les hommes ne peuvent pas le voir, marmonne Ménon.

– À propos de chevaux, j'ai hâte de voir ceux de l'écurie de Myron, lance Lykos qui, manifestement, souhaite changer de sujet. Il paraît qu'il est allé lui-même les acheter dans le désert, très au sud de Tyr. Il y a là-bas une race de chevaux particulièrement rapides. On les reconnaît à leur tête allongée et à leurs naseaux plus ouverts que ceux des chevaux de nos contrées.

Ménon, soulagé d'abandonner le terrain mouvant des légendes, entre volontiers dans cette conversation sur les différentes races de chevaux et leurs mérites respectifs. Mais bientôt, une rumeur s'élève à l'autre bout de l'hippodrome. Les chevaux et leurs cavaliers font leur entrée. Dans quelques instants, le départ de la première course va être donné.

Les spectateurs, massés tout le long de la piste, encouragent chevaux et cavaliers.

Leurs cris parcourent l'hippodrome au rythme de la course.

Un grand cheval noir est en tête. Il a déjà une bonne longueur d'avance. Le cavalier est presque allongé sur son encolure. Il est si petit qu'il semble posé sur sa monture. De la main gauche, il tient les rênes tout en s'agrippant à la crinière. La main droite frappe sans arrêt l'épaule du cheval.

– Il n'ira pas loin ! prédit Lykos. Quelle idée de confier un si grand cheval à un si petit cavalier ! Regarde, ses jambes ne peuvent même pas enserrer les flancs du cheval. Il est obligé de se coucher sur sa monture. Il va mordre la poussière avant la fin de la course.

– Tu as vu ? crie Ménon, le petit cheval gris, juste derrière ? Il appartient à l'écurie de Myron !

Les deux chevaux négocient, l'un après l'autre, le premier virage autour des poteaux. Le cheval noir est toujours en tête. Il a parfaitement viré. Son cavalier a su lui faire prendre le virage sur le bon pied. Cependant, sa vitesse l'entraîne légèrement à l'extérieur de sa trajectoire. Il perd quelques foulées avant de revenir dans la meilleure ligne.

Le petit cheval gris de Myron est toujours second. Mais lui n'a pas dévié de sa ligne de course au sortir du virage.

Lykos n'est pas surpris.

– C'est normal, commente Lykos, ce couple cheval-cavalier est beaucoup plus harmonieux. Cet homme peut donner des ordres à son cheval en serrant plus ou moins fort les jambes, alors que l'autre n'a que les rênes, les cris et les coups pour se faire obéir. Je déteste cette manière brutale de monter !

Les autres chevaux engagés dans la course suivent, groupés. Si l'un d'entre eux trébuchait, tous tomberaient. Ou presque.

Au troisième tour, le petit cheval gris est en tête. Son cavalier a su éviter un débordement vers l'extérieur, au sortir de chaque virage, contrairement à son adversaire. Il est passé au ras du poteau et a doublé le cheval noir à la corde.

Derrière, un cavalier est tombé à terre. Très habilement, ceux qui le suivent parviennent à l'esquiver. Dès que les autres chevaux l'ont dépassé, l'homme se relève pour récupérer sa monture mais, à son plus grand désarroi, l'animal a continué la course au milieu de ses congénères.

Les trompettes signalent alors aux participants qu'ils entament le dernier tour. Et, sous les rires des spectateurs, le cheval sans cavalier accélère, se comportant exactement comme s'il était encore monté. Il est maintenant troisième, derrière le grand cheval noir.

Soudain Lykos s'écrie :

– Ménon, tu vois ce que je vois ? Ne te l'avais-je pas dit !

Le petit cavalier vient, effectivement, de se faire éjecter de sa monture, dans le dernier virage, juste devant Lykos et Ménon. Il est projeté sur le sable. Sa chute est si violente qu'il roule comme une balle vers le bord de la piste. Quant à son grand cheval, il s'arrête de courir et se range spontanément sur le côté.

Le petit cheval gris du désert est sur le point de gagner lorsque son cavalier entend un cheval revenir à sa hauteur. Il se retourne et voit le cheval sans cavalier juste derrière lui. « Ah non ! Je ne vais pas me faire battre par un cheval tout seul ! » se dit-il.

Une forte pression de ses jambes commande à son cheval de donner tout ce qui lui reste d'énergie. Le petit cheval a compris. Il accélère. L'autre aussi.

Mais le cavalier de Myron parvient à garder l'avantage. Il franchit le premier la ligne d'arrivée sous les ovations des spectateurs.

– Dis donc, Ménon, tu l'as vu ton Taraxippe ? jette Lykos en se tournant vers son ami.

– Non, je ne l'ai pas vu ! marmonne Ménon entre ses dents. Mais ça ne veut rien dire, s'obstine-t-il.

– Ah, ne te fâche pas ! Écoute-moi, s'il te plaît, je voudrais t'exposer mon point de vue.

– D'accord, mais ne prends pas le ton du gars qui sait tout, c'est horripilant !

– Promis ! Bon. Tu sais que j'ai du mal à croire aux légendes ; que je pense que ce sont des inventions créées par les hommes pour tenter d'expliquer ce qu'ils ne parviennent pas à comprendre. Et, à mon avis, cette légende peut s'expliquer : les accidents provoqués par le démon tapi derrière son poteau, en fait, sont dus tout simplement à l'orientation de l'hippodrome. Tu me suis ?

– Oui, oui ! Continue…

– Tu as dû remarquer qu'on ne parle de ce démon que lors des premières courses de la matinée…

– C'est vrai, et alors ? s'impatiente Ménon qui commence à comprendre où Lykos veut en venir.

– Et le virage est dangereux parce qu'il est situé à l'est, là où le soleil se lève, et les chevaux sont effrayés parce qu'ils sont tout bonnement aveuglés par le soleil ! De plus, c'est là aussi où le plus grand nombre de spectateurs est massé et, quand ils hurlent tous en même temps, il y a de quoi terrifier le cheval le plus aguerri ! Qu'en penses-tu ?

– C'est un raisonnement logique, tu as sans doute raison, reconnaît Ménon. Mais toi, tu ne crois à rien ? Ni aux dieux, ni aux démons, ni aux loups-garous ?

Lykos ne répond pas et, selon un stratagème bien connu pour éviter de répondre, il pose une question à Ménon :

– Que faisons-nous en attendant les courses de cet après-midi ? On reste ici ou on quitte l'hippodrome ?

– On reste, on ne sera pas bousculés et il y a encore de l'animation.

En effet, les hommes du service des courses entrent sur la piste avec de gros chevaux de trait et des herses. Ils nettoient l'hippodrome, épandent du sable frais sur le sable souillé de sang. Sang des hommes, sang des chevaux.

Des marchands ambulants passent parmi ceux qui, comme Lykos et Ménon, sont restés pour éviter ainsi la bousculade. Bousculade pour quitter l'hippodrome. Bousculade pour y revenir dans deux heures à peine.

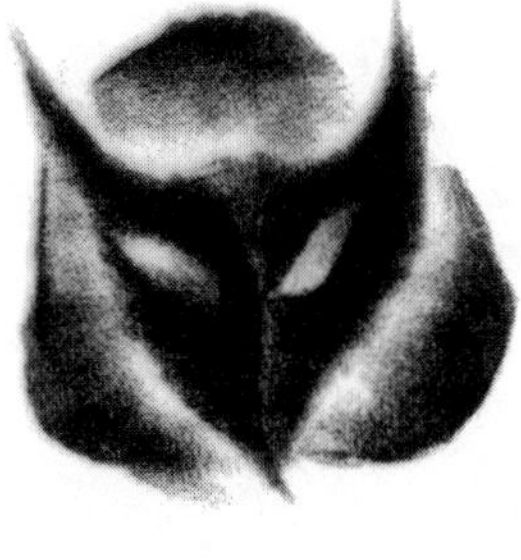

VI

LES COURSES DE CHARS
OU LA FUREUR DOMPTÉE

TOUT l'après-midi du quatrième jour des Jeux est consacré aux courses de chars.

L'hippodrome est encore plus rempli que ce matin. On voit même des spectateurs perchés sur les murs, dans les arbres. Lykos et Ménon se félicitent de ne pas avoir quitté leur place.

Voici la course la plus prestigieuse : la course de chars à quatre chevaux.

Dans un ordre parfait, les chars, les uns derrière les autres, font un tour de piste.

– Tu sais, Ménon, c'est un exercice très difficile, prévient Lykos.

– Je m'en doute ! Je ne m'y connais sans doute pas aussi bien que toi, mais quand même, je sais ce qu'est un cheval ! D'ailleurs, sans vouloir t'offenser, je ne connais pas d'animal plus peureux que celui-là. Alors, j'imagine sans mal qu'il faut toute l'adresse du conducteur pour que les chevaux ne partent pas dans tous les sens.

Debout sur leur char, les cochers, vêtus d'une courte tunique blanche, tiennent d'une main les longues rênes qui les relient à leurs chevaux, de l'autre un fouet. Chaque attelage engagé passe devant les juges. Le héraut crie alors le nom du cocher et celui du propriétaire des chevaux.

Le favori, aujourd'hui, est l'attelage de Calliclès, un riche Thébain. Ce n'est pas lui qui conduit ses chevaux. Il confie ce soin à un homme qu'il paye très cher pour cela. Cet homme se nomme Phédon. Il a déjà été le vainqueur de cette épreuve aux deux dernières Olympiades.

Après être passés devant les juges, les attelages se sont rassemblés dans une partie annexe de l'hippodrome, sur l'aire de départ en forme d'éperon.

Les conducteurs enroulent les rênes autour de leur taille et vérifient soigneusement que leur poignard est bien à sa place : presque tous en même temps portent la main à leur ceinture, miment le geste de dégainer leur arme, indispensable, en cas de chute, pour couper les rênes qui les rendraient prisonniers du char.

Les jambes bien écartées, les pieds solidement posés sur le plancher du char, ils attendent le signal du départ. Les chevaux piaffent d'impatience, les hommes se mesurent du regard.

Le chef des hellanodices se lève. Les trompettes sonnent. Le signal est donné. Les attelages s'élancent au galop.

Combien finiront la course ? Il est certain

que tous ne parviendront pas à parcourir sans dommage les douze tours de piste.

Les cris de la foule, ceux des conducteurs, des entraîneurs et des propriétaires se mêlent au roulement des chars et au galop des chevaux.

Phédon n'est pas dans le groupe de tête. Il semble retenir ses coursiers. Sourd aux cris des spectateurs qui lui demandent s'il est bien réveillé ce matin, le champion, imperturbable, laisse toujours une dizaine de chars devant lui.

Il vire autour de la borne, au nord, dans les règles de l'art. Il la frôle, le moyeu de sa roue gauche paraît même en toucher les bords.

Derrière lui des hennissements de chevaux, des hurlements d'hommes et le fracas de chars qui volent en éclats. Il se retourne rapidement et compte quatre chars hors course.

Quatre concurrents de moins !

Le personnel des pistes se précipite pour dégager la voie. Mais certains chevaux, libérés de leurs entraves, ne se laissent pas attraper facilement. Et les débris de chars jonchent le sable blond. Un conducteur gît à terre.

Bientôt, les concurrents de tête arrivent à la hauteur de l'accident. Huit parviennent à s'engouffrer dans la brèche étroite entre l'amas de chars, de chevaux, et le bord de la piste. Mais deux équipages se heurtent au sortir de cette passe.

Phédon les reconnaît. Il s'agit du char du Crétois, Télémaque, et de celui du Corinthien, Pylade. Il parvient à les éviter et se réjouit de voir qu'ils sont sains et saufs. Mais il ne peut s'empêcher de penser : « Six concurrents de moins ! »

Les candidats ont déjà parcouru huit tours. Plus que quatre tours avant la victoire de l'un d'eux.

« Je gagnerai cette course, je gagnerai cette course ! »

Comme une prière, Phédon répète ces mots au rythme du galop de ses chevaux.

Il vire, seul, autour de la borne, au sud. Devant lui, six chars sont encore en piste. Délibérément, Phédon conduit le sien sur le bord droit de la piste.

Les cris fusent :

– Eh, Phédon ! À quoi tu joues ?

– Reste à gauche !

– Mais vous ne voyez pas qu'il va déborder ses concurrents dans la ligne droite ! s'égosillent les plus avertis.

– Vas-y ! Envoie-les dans les Enfers, chez Hadès[1] !

Tous ont compris maintenant la stratégie de Phédon. En choisissant la voie de droite, il parcourt un peu plus de chemin qu'à la corde. Mais il se met en situation de doubler sans danger les autres chars qui recherchent la voie la plus courte, celle au ras du bord gauche de l'hippodrome.

Phédon a confiance en ses chevaux. Toute

1. Hadès : le dieu des morts qui règne aux Enfers.

l'année précédant les Jeux, il les a entraînés à des accélérations surprises.

Un claquement de langue associé à un petit coup de fouet, les chevaux ont compris. Insensiblement, leurs foulées s'allongent. Leurs sabots frappent en cadence le sable de la piste. Phédon double un char, puis un deuxième.

Il se sent bien. Il s'offre même le luxe de tourner très au large de la borne.

– Attention, Phédon, tu risques gros à ce petit jeu ! crie Calliclès, le propriétaire des chevaux.

Phédon reste sur la droite. Au onzième tour, il n'a plus que trois chars devant lui. Il demande à ses chevaux d'accélérer encore un peu. Et, dans l'avant-dernière ligne droite, il les double tous les trois avant de se rabattre rapidement sur la gauche.

La foule lui est maintenant tout acquise.

– Bravo, Phédon ! Continue ! La victoire est à toi !

Toutefois, Phédon sait que ce n'est pas encore gagné. Il n'a pas tort. Il sent dans son dos le souffle rauque des chevaux de Charmide, l'Athénien, qui revient à la charge.

La foule, comme un seul homme, souhaite maintenant la victoire de l'Athénien.

Assis un peu à l'écart sur le haut des remblais, un homme barbu se penche vers son compagnon :

– Tu comprends, Xénophon, pourquoi je me méfie de la foule. Elle est trop versatile. Regarde comme elle change vite d'avis. Il y a un instant, elle acclamait Phédon, maintenant elle n'a d'yeux que pour Charmide !

– Oui, Socrate, je comprends. Mais admets quand même que Périclès, en s'appuyant sur la foule, puisqu'il dirige une démocratie, gouverne sagement.

– Peut-être, mais il n'est pas sûr que cette époque heureuse perdure. Je vois déjà des signes qui laissent présager le déclin de Périclès, continue Socrate.

– Avec tout le respect que je te dois, tu veux bien, Socrate, que nous remettions cette discussion à plus tard ? Je voudrais regarder la fin de la course, demande Xénophon.

– D'accord ! Voyons comment se terminera ce duel de chars.

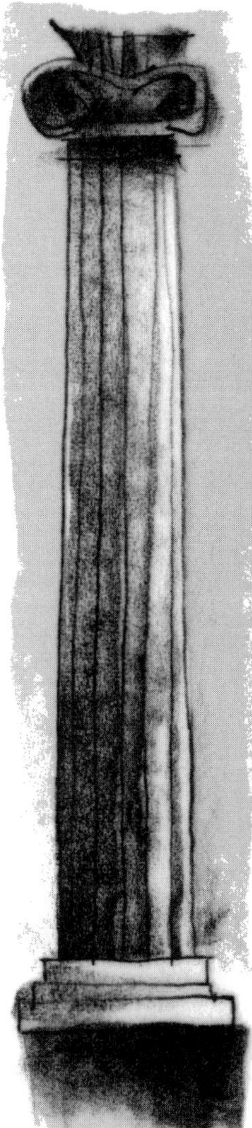

L'attelage de Phédon et celui de Charmide débouchent ensemble dans la dernière ligne droite.

Phédon va l'emporter mais Charmide le dépasse. Phédon le dépasse à son tour. Puis Charmide.

Plus que deux cents mètres...

Le fouet de Phédon siffle au-dessus de la tête de ses chevaux. Il est content que la lutte pour la victoire se déroule avec le candidat athénien. Il en connaît la droiture et le sens de l'honneur. Parfois, certains conducteurs de char se laissent en effet aller à de mauvais gestes : comme par inadvertance, leur fouet frappe le cocher à côté d'eux. Pire encore, d'autres provoquent, volontairement, et sans vraiment s'en cacher, la chute de leurs adversaires. Les juges veillent mais, dans le feu de l'action, leur vigilance est quelquefois prise en défaut.

Rien à craindre de ce côté de la part de Charmide. Cet homme est loyal, il court à la régulière.

Tous les spectateurs sont debout. Pas Socrate, qui semble plongé dans d'amères pensées.

Les cris fusent de plus belle :

– Vas-y !

– Vas-y !

Quant à savoir à qui s'adressent ces encouragements, mystère ! Et peu importe !

Encore cent mètres...

Soudain le char de Phédon se détache nettement. Charmide ne peut plus rien faire. Phédon a presque une longueur d'avance quand il franchit la ligne d'arrivée.

Il est victorieux. Pour la troisième fois.

La foule scande son nom.

Calliclès se précipite sur la piste pour féliciter son équipage, homme et chevaux.

Selon la coutume, le char du vainqueur effectue un tour d'honneur sous les vivats des spectateurs.

– Hé, Lykos ! Tu ne dis rien. Tu n'es pas content de la victoire ? s'étonne Ménon.

– Si, bien sûr, répond évasivement son ami.

– Allez, avoue ! Dis plutôt que tu rêves et que tu te vois déjà à la place de Phédon, dans quatre ans.

Lykos sourit sans rien dire.

La piste est soigneusement nettoyée. Il faut qu'elle soit propre et surtout utilisable pour les courses de chars suivantes : la course à deux chevaux puis celle à un seul cheval. Mais, après la victoire de Phédon, des spectateurs ont quitté l'hippodrome..

À son tour, Ménon se lève.

– Certains ne se plaisent qu'au spectaculaire ! dit dédaigneusement Lykos, outré de voir que les courses de chars à deux chevaux et à un cheval sont moins appréciées que celles à quatre chevaux. Et toi, tu es comme eux ! ajoute-t-il.

Ménon, qui aurait bien voulu quitter l'hippodrome pour aller se baigner, se rassied et joue l'étonné :

– Mais pas du tout ! Qu'est-ce que tu crois !? Je me levais simplement pour me dégourdir les jambes !

VII

LE PENTATHLON
OU L'ATHLÈTE COMPLET

– C'EST DÉJÀ le cinquième jour des Jeux. Le temps a passé trop vite, dit Ménon d'un air un peu triste.

– Quand partez-vous ? veut savoir Agathos.

– Nous allons rester jusqu'à la fin des Jeux. Nous quitterons Olympie dans trois ou quatre jours, répond Lykos.

– Vous avez de la chance. J'aurais bien aimé rester plus longtemps mais il faut absolument que je rentre chez moi. Je partirai demain au lever du jour, grimace Agathos.

Agathos est un étudiant qui, l'année précédente, suivait avec Lykos et Ménon les cours de philosophie pythagoricienne[1] à Athènes. Ils viennent de se retrouver par hasard, au milieu de la foule qui descend vers le stade pour assister aux épreuves du pentathlon.

– Vous rappelez-vous ce que disait le maître ? demande Lykos.

Sans attendre, Agathos et Ménon prennent une voix grave et proclament solennellement :

– Amis, le pentathlon est l'épreuve reine des Jeux olympiques. Les faibles d'esprit se laissent séduire par la force brutale des lutteurs ou par le tintamarre des courses de chars. Mais ceux qui connaissent la valeur des hommes préfèrent les athlètes qui participent au pentathlon. Ce sont les plus parfaits de tous parce qu'ils possèdent, en même temps, la force, la vitesse, l'adresse et le courage !

1. Le philosophe Pythagore pensait que l'ordre du monde était un ordre mathématique.

– Bravo, vous n'avez pas oublié vos leçons et vous imitez très bien notre maître Aristobule, les félicite Lykos. Personnellement, je partage son avis car être le meilleur à la fois au lancer du disque, au saut en hauteur, au lancer du javelot, à la course et à la lutte témoigne d'une belle force et d'un développement harmonieux du corps et de l'esprit, vous ne trouvez pas ?

– Si, tout à fait ! approuve Ménon. Et quel est le favori, cette année ? demande-t-il.

– On dit grand bien d'un certain Télamon, répond Agathos. Aux derniers Jeux, il a remporté presque toutes les épreuves réservées aux Juniors. Aujourd'hui, il a l'âge requis pour participer aux vrais Jeux olympiques.

– D'où vient-il ?

– De l'île de Samos.

Lykos, lui, marmonne dans son coin en fronçant les sourcils. Il semble chercher dans sa mémoire :

– Télamon... Télamon, répète-t-il doucement, car ce nom lui dit quelque chose.

– Ah oui, j'y suis ! lance-t-il. Ce Télamon a un nom prédestiné. Souvenez-vous ! On prétend que lorsque Jason instaura le pentathlon, Pélée fut le vainqueur à la lutte, les frères Boréades, les plus forts à la course et au saut, Lyncée gagna l'épreuve du javelot et Télamon lança son disque le plus loin. Du moins, c'est ce que raconte la légende. Impossible de vérifier car tout ceci se passait il y a très longtemps, au temps des Argonautes[1].

– Ce Télamon est peut-être l'arrière-arrière-petit-fils de ce fameux discobole ! s'enthousiasme Agathos.

– Pourquoi pas ! Mais je crois que tu peux ajouter quelques générations pour que le compte soit bon, mon cher Agathos, fait remarquer Lykos, toujours pointilleux.

– Comme tu peux le constater, Lykos n'a pas changé depuis l'époque où, ensemble,

1. Argonautes : héros de la mythologie grecque. Sous la conduite de Jason, à bord du vaisseau *Argo,* les Argonautes conquirent la Toison d'Or.

nous écoutions les cours d'Aristobule, murmure Ménon à l'oreille d'Agathos. Le même esprit de sérieux l'anime autant. Et il faut faire attention à ce que l'on dit quand il est là !

– Qu'est-ce que vous complotez tous les deux ? se méfie Lykos.

– On ne complote pas. On se moque de toi, répond Ménon en riant.

– Au lieu de dire des sottises, vous feriez mieux de vous dépêcher, sinon on va rater le début des épreuves, réplique Lykos.

Et tous trois se mettent à courir pour gagner les bonnes places au bord du stade.

Déjà les trompettes annoncent le début de la première des cinq épreuves, celle du lancer du disque. Au même moment, Périclès s'assied à la tribune d'honneur. Il a l'air préoccupé, son esprit paraît errer bien loin des rives de l'Alphée.

Entrée solennelle des juges en robe rouge et

proclamation du nom des concurrents. Ils sont trente.

– Trente ! Et cinq disciplines pour chacun ! s'écrie Ménon. Nous sommes là jusqu'à la nuit.

– Mais non ! Chaque candidat n'a droit qu'à un seul essai par épreuve, le rassure Lykos.

Les discoboles se présentent, un à un, sur une sorte de tremplin de terre battue. Ils plongent ensuite la main dans un seau plein de sable avant de saisir le disque de bronze. Le sable est là pour éviter que le disque ne glisse de la main des athlètes.

Le lancer du disque est une épreuve plus compliquée qu'elle n'en a l'air. Il faut que l'athlète effectue un mouvement parfait et rapide. Cette perfection et cette rapidité demandent des heures d'entraînement. Toutes les parties du corps sont sollicitées.

Des deux mains, il faut élever le disque au-dessus de la tête, le caler contre son avant-bras, se pencher en avant en faisant pivoter le torse tandis que le bras, en décrivant un large cercle, lance enfin le disque.

Une marque est plantée en terre par un juge, à l'endroit de la chute du disque. La longueur du jet est mesurée avec précision.

La marque de Télamon est loin devant celle des autres candidats. Largement ! Télamon est vainqueur.

– Il reste quatre épreuves, compte Ménon, il n'a pas encore gagné !

– Celle qui suit ne devrait pas lui poser trop de difficultés. La technique du javelot requiert à peu près les mêmes qualités que celle du disque, affirme Agathos.

Les trente athlètes se présentent à nouveau face aux juges. Les noms sont une nouvelle fois proclamés. Celui de Télamon est particulièrement remarqué. Les spectateurs manifestent bruyamment pour l'encourager. Le tirage au sort lui donne le dernier numéro. Il devra attendre que tous les autres aient lancé leur trait avant de prendre place sur l'aire de lancer.

Le javelot est un long morceau de bois, assez fin, et muni d'un fer à l'une des extrémités, qui l'équilibre et permet qu'il se fiche bien en terre. Il est long d'un mètre quatre-vingts.

– En fin de compte, je trouve que le pentathlon est un peu monotone ! ronchonne Ménon. Suivre ces cinq épreuves les unes à la suite des autres n'est guère passionnant. Quoi qu'en dise notre maître Aristobule, je préfère les courses de chevaux.

– Allez, prends patience, dit Lykos. L'épreuve qui suit sera celle de la lutte. Comme les athlètes combattent deux à deux, ça ira plus vite !

L'épreuve du lancer du javelot se termine. Le sol est jonché de marques témoignant de la longueur du jet de chaque athlète.

Le tour de Télamon est arrivé.

Il se concentre. Équilibre avec soin le javelot dans sa main droite. Prend le petit élan autorisé par le règlement, bascule le bras en arrière et propulse violemment le javelot.

Le jet siffle dans l'air. Il semble frétiller comme un poisson et se fiche en terre.

– Il a gagné ? Il a gagné ? demande sans arrêt Ménon.

– On ne sait pas encore. De nos places, on ne voit pas bien la surface d'arrivée. Mais il me semble bien que son javelot est allé plus loin que les autres.

Agathos a bien vu. Télamon est proclamé vainqueur de cette seconde épreuve.

À présent, il faut quitter le terrain du disque et du javelot pour se rendre près des pistes de sable où vont se dérouler les luttes.

Télamon redoute cette épreuve. Il s'y sent moins à l'aise que dans les quatre autres. Alors, au cours du long entraînement auquel il s'est soumis, il a tout particulièrement travaillé les techniques de lutte. Il s'est même attaché, à grand prix, les services d'un ancien champion olympique.

Les hellanodices procèdent maintenant au tirage au sort des adversaires. Quand vient son tour de plonger la main dans l'urne, Télamon ferme les yeux et prie :

« Ô dieux bienveillants ! Faites que mon adversaire ne soit pas ce colosse ! Il ne ferait qu'une bouchée de moi ! »

Mais le sort lui est favorable. Il ne devra pas combattre contre ce redoutable représentant de Mycènes, mais contre un adversaire davantage à sa mesure, le Macédonien Satyros.

Juste avant de pénétrer dans l'arène, Télamon se remémore les recommandations de son entraîneur :

« Le secret de la lutte réside dans la mobilité encore plus que dans la force. Bouge ! Bouge toujours ! »

« Protège ton visage ! »

« Dès que ton adversaire te ceinture, deviens serpent et glisse hors de son étreinte ! »

« Fatigue-le ! »

« Frappe peu, mais que chacun de tes coups lui semble un coup de massue ! »

Avec tous ces préceptes bien en tête, Télamon combat du mieux qu'il peut. Il bouge. Il bouge tellement que son adversaire semble étourdi de le voir constamment sautiller et changer de place.

Il frappe. Fort ! Mais l'autre aussi frappe fort !

« Cogne ! Bouge ! Cogne ! » s'encourage-t-il.

Et soudain, Satyros s'effondre. Télamon ne comprend pas bien pourquoi. Il n'a pas réalisé que ce dernier coup était particulièrement fort, mais l'évidence est là, Satyros est vaincu.

« Encore deux épreuves et je serai vainqueur du pentathlon », escompte Télamon.

L'épreuve suivante ne l'effraie pas.

Calmement, il s'y prépare : il enduit ses mains de sable fin mêlé de miel. Puis il empoigne les haltères dont se servent les Grecs pour renforcer et faciliter le balancement des bras, si important dans l'épreuve du saut en longueur.

À son tour, il prend de l'élan, court à foulées mesurées et saute les bras en avant. Le poids des haltères, quatre kilos, le projette même au-delà de ses espoirs.

Avant lui, aucun concurrent n'a encore sauté si loin. Et après lui…?

Il reste dix athlètes qui n'ont pas passé l'épreuve du saut.

Télamon s'attarde au bord de la piste. Il compte à rebours, dix, neuf, huit… un ! Aucun n'a fait mieux que lui.

Il est vainqueur.

La dernière épreuve est la course.

Normalement, c'est une compétition qu'il doit gagner facilement. Mais, prudent, Télamon ne crie pas victoire trop tôt. Il sait qu'il faut toujours se méfier. Il peut prendre un mauvais départ, ou tomber. Un candidat peut accomplir une course tout aussi exceptionnelle qu'imprévue.

Il tient particulièrement à l'œil Satyros, le Macédonien. Quant au gros Mycénien, il ne s'en inquiète pas trop.

Départ !

Télamon prend immédiatement la tête de la course.

Satyros reste dans son sillage dans la première moitié de la piste puis, comme les autres, il finit par être largement distancé par la foulée légère et puissante de Télamon, qui franchit la ligne d'arrivée sous les acclamations de la foule.

Ce champion du pentathlon est toujours très apprécié des spectateurs. Ils reconnaissent en lui l'athlète complet, celui qui n'est spécialiste de rien mais qui excelle en tout.

Périclès, malgré son air soucieux, félicite Télamon.

Socrate lui-même se déplace et dit quelques mots au vainqueur.

– Qu'est-ce qu'il dit ? Qu'est-ce qu'il dit ? demande Ménon à des spectateurs plus proches que lui de Socrate et Télamon.

– Il lui dit qu'il est l'image même de la juste mesure, qu'il a su se garder de tous les excès, lui répond-on.

– Ce n'est pas de toi que l'on pourrait dire cela ! lance Agathos à Ménon, en lui donnant une bonne tape sur le ventre.

– De toi non plus ! J'ai souvenir de certains banquets à Athènes… rétorque-t-il en riant.

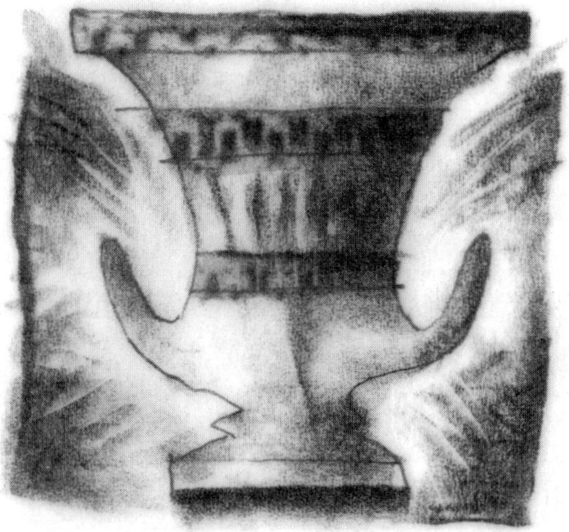

VIII

Les Épreuves Juniors

ou La relève des champions

Le jour vient de se lever sur Olympie.

L'atmosphère est différente aujourd'hui. En fait, ce sont les tons des voix qui surprennent. Ils sont plus légers pour les uns et plus graves pour les autres.

Les cris qui s'élèvent des lieux d'entraînement sont ceux des jeunes athlètes ponctuant leurs essais d'exclamations triomphantes ou dépitées. Les voix graves sont celles des entraîneurs. Ils hurlent, menacent, grondent et frappent, comme des maîtres d'école.

– Doucement ! Réfléchis un peu !

– Garde des forces pour tout à l'heure !

– Tu vois ce bâton ? Si tu ne te réveilles pas un peu, je vais t'en frotter les côtes. Allez, secoue-toi !

– Oui ! C'est très bien. Refais cela devant les juges et tu seras proclamé vainqueur !

Les enfants crient sous l'effort. Ils crient victoire.

Il arrive qu'ils pleurent aussi. Mais c'est rare. Tous ont appris à souffrir en silence. À supporter sans broncher les coups, les blessures, les défaites. Et les hurlements de leurs maîtres. Toutefois, les plus jeunes peuvent se laisser submerger par le désespoir quand ils voient leurs chances de gagner s'éloigner. Alors ils pleurent, doucement, et en se cachant.

Lykos et Ménon sont venus assister aux entraînements des juniors.

– Franchement, je ne les envie pas. Je garde un assez mauvais souvenir des heures passées à la palestre sous la direction des maîtres de gymnastique, dit Lykos.

– Oh, tu exagères ! répond Ménon.

– Pas du tout ! J'ai encore sur le dos les traces des recommandations musclées d'un entraîneur particulièrement féroce, continue sombrement Lykos.

– Et tes parents n'ont rien dit ? s'étonne Ménon.

– Si ! Mais pas tout de suite. D'ailleurs, je ne me plaignais pas. J'avais trop peur qu'on me prenne pour un faible et un lâche.

– Et ça a duré longtemps ?

– Plusieurs mois, jusqu'à ce que les servantes avertissent ma mère que le dos de mes tuniques était continuellement taché de sang. Elle me fit immédiatement venir dans ses appartements. « Tourne-toi et ôte ta chemise », m'a-t-elle ordonné d'une voix un peu sévère. J'ai obéi, bien content de lui tourner le dos, comme ça elle n'a pas vu mes grimaces quand je décollai le tissu de mes blessures encore fraîches. Puis elle m'a ordonné de me rhabiller. Sa voix était plus grave et plus sourde qu'à l'ordinaire.

– Et elle ne t'a rien dit ?

– Non ! Elle est allée voir mon père qui m'a convoqué à son tour.

« – Ta mère me dit que ton maître de gymnastique te bat violemment. Raconte-moi comment cela se passe, a-t-il dit sévèrement.

« Je racontai, du mieux que je pus, pour éviter de passer pour un garçon pleurnichard.

« – Je vais renvoyer cet homme sur-le-champ, s'exclama-t-il. Je veux bien admettre que quelques coups de badine peuvent stimuler l'ardeur des enfants, mais je ne saurais supporter que l'on batte mon fils jusqu'au point de l'estropier.

« Je crois que je n'avais jamais entendu mon père me tenir un discours aussi long, avoue Lykos.

« – Tu vois, mon garçon, continua-t-il à mon grand étonnement, je ne garde pas un très bon souvenir de mon enfance. Mes maîtres étaient durs. Ils frappaient fort. Et je ne suis pas loin de penser ce que pense mon vieil ami Speusippe qui ne manque jamais une occasion de reconnaître qu'il préférerait mourir tout de suite plutôt que de revivre son enfance. Je ne veux pas que tu puisses, toi, mon fils, penser cela un jour.

« – Non, père, jamais, ça n'arrivera pas, dis-je en balbutiant un peu.

« Et voyant qu'il était en si bonnes dispositions, j'en profitai pour formuler une demande :

« – Père, je vais bientôt avoir dix ans, j'aimerais beaucoup commencer à monter à cheval.

« – Bien, fils, dit-il en riant, tu ne manques pas d'à-propos, tu sais choisir le bon moment pour mener à bien tes négociations. Je suis d'accord. Tu peux commencer l'équitation demain, à moins que les blessures de ton dos…

« Je l'interrompis vivement :

« – Non, non, père, je peux commencer demain !

« – Allez, file maintenant, me dit-il en souriant.

« Et voilà comment je fus débarrassé de ce maître brutal et que je pus commençer l'équitation, conclut Lykos. Tu viens, Ménon ? Il est temps de nous diriger vers le stade, ajoute-t-il.

Tous deux se mêlent à la foule qui entre dans l'espace des jeux.

Les jeunes athlètes vont bientôt se présenter devant les juges.

Cette matinée est uniquement consacrée aux Jeux olympiques des enfants.

On raconte que ce sont les Spartiates qui les ont inscrits au programme, il y a longtemps, lors de la 37e Olympiade. Et c'est d'ailleurs un Spartiate, nommé Hipposthène, qui en fut le premier vainqueur.

Les règles sont les mêmes que pour les

adultes, mais les distances à parcourir sont plus courtes et le pancrace ne figure pas au programme car c'est un exercice beaucoup trop dangereux.

Ces épreuves attirent un peu moins de spectateurs que celles pour les adultes. Néanmoins, les vrais connaisseurs ne manquent jamais d'y assister parce que l'on y repère les champions de demain.

Même Périclès, malgré les soucis qui paraissent le perturber, assiste à cette matinée.

– Regarde, Lykos, le jeune Spartiate ressemble à une alouette ; à côté de lui, le candidat de Kéos a l'allure d'un bœuf. Tu trouves ça juste ? s'insurge Ménon.

– C'est l'âge qui compte, pas la taille ni le poids, répond Lykos.

– Moi je trouve que c'est injuste ! insiste Ménon. À ces âges-là, entre douze et quinze, leur taille et leur poids peuvent varier considérablement ! Tu ne peux pas dire le contraire !

– Je ne suis pas d'accord. À la course, ce sont souvent les plus petits qui gagnent. Souviens-toi de ce jeune berger qui avait l'habitude de courser les lièvres. Il était tout petit. Et c'est grâce à sa légèreté et à son entraînement, bien sûr, qu'il gagnait face à des garçons bien plus grands et plus forts que lui.

– Oui, peut-être, mais quand même ! Ce Spartiate est vraiment petit, bougonne Ménon.

Les jeunes coureurs sont sur la ligne de départ.

Ils s'élancent.

À mi-parcours, le gros, comme l'appelle Ménon, fait la course en tête. Le petit Spartiate n'est que quatrième. Pourtant, insensiblement, il remonte les deux coureurs qui le précèdent. Puis, dans les derniers mètres, il parvient à dépasser « le gros ».

– Tu as vu ! Je te l'avais dit ! s'exclame Lykos. Souviens-toi de ce nom : Euklès. On entendra encore parler de lui à Olympie. Ce garçon est taillé pour la course à pied, prédit-il.

L'épreuve qui suit est celle du saut en longueur.

Elle se déroule de la même manière que celle des adultes. Simplement les haltères sont moins lourdes.

Le programme junior s'achève avec les épreuves de lutte.

Le souvenir de Milon de Crotone plane alors sur le stade. Ce champion extraordinaire s'était fait remarquer lors des épreuves de lutte des juniors, avant d'être sacré champion, cinq fois de suite, aux Jeux olympiques.

Cette année, le vainqueur du pugilat et de la lutte est un jeune homme de quinze ans. Un bel athlète venant de Delphes.

Comme d'habitude Périclès tient à se faire présenter les vainqueurs pour les féliciter. Puis il quitte Olympie.

La foule ne parle que de ce départ précipité.

– C'est à cause des Perses qu'il doit rentrer

à Athènes. Ils s'apprêtent à déclarer la guerre.

– Mais non, pas du tout, les Perses se tiennent tranquilles pour le moment. Si Périclès rentre si vite c'est pour voir le sculpteur, Phidias qui vient d'être mis en accusation. On lui reproche de s'être approprié une partie de l'ivoire destiné à la décoration du Parthénon que Périclès lui a commandée.

– Pour moi, les Perses n'ont rien à voir avec le départ de Périclès, je crois plutôt que c'est lié à son ami Phidias, déclare Lykos. Et c'est pour ça qu'il avait l'air soucieux ces jours-ci !

– Oui, c'est aussi mon avis. À tous les coups, cette accusation est montée de toutes pièces par les ennemis de Périclès, commente Ménon.

– Sûrement ! Et comme ils n'osent pas s'attaquer à lui directement, ils le font par personne interposée. En l'occurrence Phidias, son ami de longue date. Nous aurons sans doute confirmation de cela en rentrant à Athènes.

– Oh non, ne parle pas de ça ! La fin de

notre séjour en Grèce approche et je ne suis pas pressé de rentrer chez nous à Massalia, dit tristement Ménon que la perspective de travailler avec son père n'enchante pas.

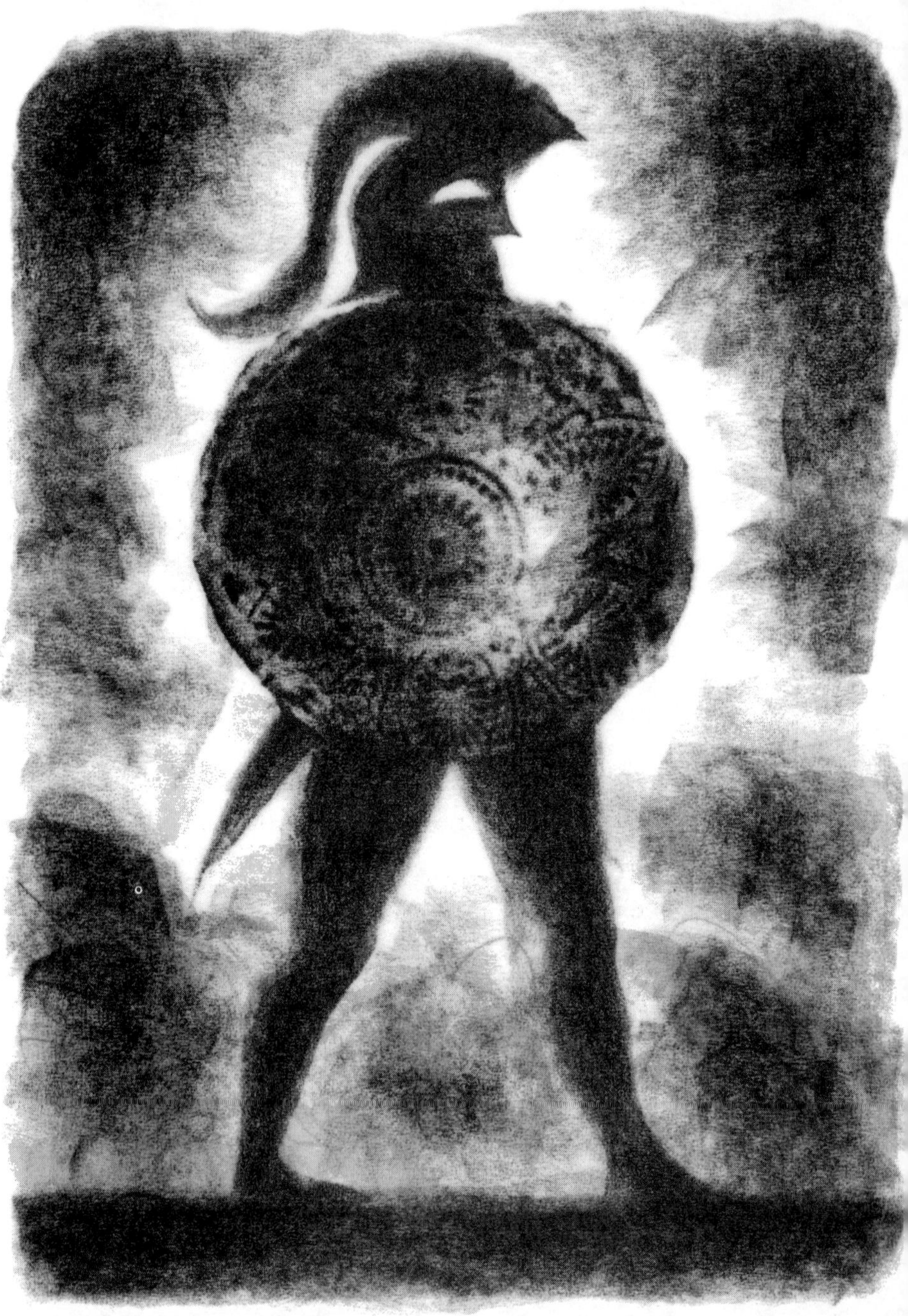

IX

LA COURSE DES HOPLITES
OU LE PARCOURS DES COMBATTANTS

L'AIR a quelque chose de belliqueux ce matin à Olympie. On entend des bruits de fers qui s'entrechoquent.

Mais ici, il n'est pas question de guerre, seulement d'une épreuve particulière, introduite par les Spartiates : courir deux fois la longueur du stade, pieds nus et lourdement armé.

Cette épreuve n'existait pas à l'origine des

Jeux. Les Spartiates ont dû peser de tout leur poids politique pour l'imposer. L'introduction de matériel destiné à la guerre semblait en effet contraire à l'esprit pacifique des Jeux olympiques. Mais ils parvinrent à convaincre les autres cités qu'il ne s'agissait que d'un simulacre, qu'en aucun cas les armes ne seraient utilisées. Et ils obtinrent la création de cette course qui prit le nom de *hoplitodromie*, c'est-à-dire la course des fantassins armés.

Cette course se déroule à la fin des Jeux. Comme si elle signalait, un tout petit peu à l'avance, que la Trêve sacrée serait bientôt suspendue et que les guerres allaient reprendre, pour quatre ans.

– Tu ne trouves pas incongru de voir des hommes en armes à Olympie ? demande Ménon.

– Non, pas tant que cela. Si l'on réfléchit bien, toutes ces épreuves olympiques – le saut, les courses à pied, à cheval, le lancer du javelot – ont un rapport avec la guerre et les exercices qu'elle impose, répond Lykos.

– Oui, peut-être, mais alors il faut admettre que les Jeux sont une sorte de guerre déguisée, continue Ménon, un peu troublé par ses propres pensées.

– C'est vrai, on peut voir les choses sous cet angle, sans oublier toutefois que, lors des Jeux, les concurrents ne cherchent jamais à tuer leur adversaire, explique le sage Lykos.

– Finalement, ce n'est guère étonnant que ce soient les Spartiates qui aient introduit cette course d'hoplites dans les Jeux olympiques. Ils sont, et de loin, le peuple le plus guerrier de toute la Grèce, ajoute Ménon.

– Je ne sais pas si l'on peut vraiment dire cela. Toutes les cités grecques sont des cités guerrières ! Soit qu'elles se font la guerre entre elles, soit qu'elles combattent, seules ou ensemble, contre des ennemis extérieurs. Mais je reconnais que Sparte semble uniquement préoccupée de guerres et de combats. Et je bénis les dieux de ne pas être né spartiate. Car si je suis prêt à combattre pour ma patrie, je n'aimerais pas que ma vie entière soit consacrée à la guerre, à l'exclusion de toute autre activité.

– Moi non plus ! Et il me suffit de penser à ce que l'on raconte sur l'éducation des jeunes Spartiates pour être presque content d'être né au bout du monde, ajoute Ménon.

La réputation de dureté des Spartiates n'est pas usurpée. Mille faits l'attestent.

Ainsi, chacun sait que les femmes spartiates habituent leurs bébés à manger n'importe quoi, à ne pas craindre les ténèbres ni la solitude. Ils sont battus s'ils crient ou pleurent.

Tout citoyen de Sparte est avant tout un soldat. Si petit soit-il.

Les enfants ne sont pas élevés par leurs parents, mais par la cité. Ils sont groupés par tranches d'âge ; dorment à même le sol, ignorent les bains et les frictions. Et pour les habituer à se débrouiller dans toutes les circonstances, on les encourage à voler leur nourriture. Mais, s'ils se font prendre sur le fait, ils sont impitoyablement fouettés pour leur maladresse.

Toute la vie du Spartiate s'ordonne autour de la guerre. On ne lui apprend à lire que les rudiments des lettres. Il ne s'agit pas d'en faire un poète, mais un soldat.

On retrouve cet esprit, à Olympie, dans les enclos à l'intérieur desquels les concurrents se préparent à cette course en armes.

Chaque coureur – ou plutôt chaque guerrier – vérifie son équipement : le lourd bouclier de fer et de cuir, la cuirasse métallique, le casque en bronze surmonté d'un ornement en crin de cheval, les jambières de fer et, enfin, la lourde épée à double tranchant.

La brillance des métaux, les couleurs des tuniques et des baudriers font contraste avec l'habituelle nudité des athlètes.

Les Athéniens s'interpellent les uns les

autres. Des plaisanteries, des rires fusent. Les Corinthiens, les Mycéniens, les Thébains et les autres sont peut-être moins bruyants que les Athéniens, mais les Spartiates, eux, sont rigoureusement silencieux.

Les seules paroles qui s'élèvent de leur groupe sont celles, brèves et laconiques, de leurs entraîneurs. Et d'ailleurs, ce sont davantage des ordres réduits à leur plus simple expression que de véritables propos.

Les Spartiates se méfient des mots et n'ont aucun goût pour ce que les autres Grecs appellent la parole ailée des poètes.

– Debout !

– En avant !

– Au pas !

Voilà tout ce que l'on entend chez les Spartiates.

– Passe-moi mon casque !

– Tu n'oublies pas que nous devons aller dîner chez Cratyle ce soir !

– Comment va ta femme ?

– Où sont passées mes jambières ?

Voilà ce que l'on entend chez les autres. Ce qui ne veut pas dire, bien sûr, qu'ils soient pour autant de mauvais soldats.

– Je voudrais bien qu'Iphicrate gagne cette course, dit Ménon. Je le connais bien. Je me suis entraîné avec lui toute l'année dernière, à la palestre, près de l'Agora[1]. Il est très rapide. Mais il s'est surtout entraîné au *stadion*, pas à la course en armes. Ça m'inquiète un peu. Il n'est là aujourd'hui qu'en remplaçant : son ami Perdiccas ne peut pas courir à cause d'une blessure.

– Fais confiance à l'entraîneur athénien. S'il permet à Iphicrate de concourir, c'est qu'il a des chances de gagner. Personne n'a intérêt à ce qu'Athènes soit ridiculisée, surtout cette année avec la crise politique qui semble s'annoncer, le rassure Lykos.

– Tu as sans doute raison, admet Ménon,

1. Agora : grande place publique située au cœur de toutes les villes grecques.

tandis que les concurrents font leur entrée sur le stade.

Ils sont vraiment impressionnants. On croirait une armée prête pour la bataille.

Pourtant, malgré leur lourd équipement, on dirait que ces athlètes glissent sur le sable. Pas un bruit ne s'élève de leur marche d'approche alors qu'on s'attendrait à ce que leurs armes et leur cuirasse produisent un cliquetis effroyable. Ce silence témoigne de leur maîtrise. Un soldat doit savoir avancer sans faire le moindre bruit.

– Par tous les dieux, s'écrie Ménon, Iphicrate ne marche pas normalement ! Il boite !

– Oui, c'est vrai, répond simplement Lykos.

– Il n'a aucune chance de gagner, s'inquiète Ménon.

– Attends la fin de la course. Tu sais bien que, dans l'action, la douleur peut disparaître, fait remarquer Lykos.

– Peut-être, mais je n'y crois pas trop. Il a l'air de souffrir beaucoup.

Les concurrents se mettent en position de départ. Toujours sans bruit.

Iphicrate va courir entre un Spartiate et un Mycénien.

Le Mycénien se tourne légèrement vers Iphicrate.

– Que lui dit-il ? demande Ménon.

– Comment veux-tu que je le sache, répond Lykos. Peut-être lui conseille-t-il d'abandonner !

– Iphicrate n'abandonne jamais ! proclame Ménon avec une certaine grandiloquence.

En effet, l'Athénien fait un signe de tête qui signifie qu'il reste et va courir, coûte que coûte.

Le départ est donné.

Un coureur d'Argos prend la tête de la course. Le Spartiate le suit. Puis vient le Mycénien ; Iphicrate doit être cinquième.

Seule la couleur de leur cimier[1] permet de

1. Cimier : ornement, le plus souvent en crin de cheval, qui forme la partie supérieure des casques de combat.

reconnaître les coureurs. Celui d'Iphicrate est blanc, celui du Spartiate rouge et celui du Mycénien noir.

Les spectateurs crient fort. Plus fort que lors des autres épreuves. Sans doute l'ambiance guerrière de cette course incite-t-elle à des manifestations bruyantes.

Les casques donnent un aspect terrifiant aux visages des soldats. Ils protègent complètement le crâne, le front, les arcades sourcilières, le nez et même les joues. Seuls les yeux et la bouche restent visibles.

Les coureurs parviennent au bout de la première longueur du stade.

L'Argien est toujours en tête.

– Allez Mycènes !

– Vas-y Sparte !

Chacun des spectateurs stimule son coureur favori.

– Courage Iphicrate ! crie Ménon.

L'Athénien l'a-t-il entendu ? Il est remonté à la deuxième place juste à la sortie du virage.

Comment a-t-il fait ? Sa douleur a-t-elle disparu ?

Le bras gauche est collé au corps, le bouclier n'offre aucune prise au vent. Le bras droit se balance à un rythme régulier et puissant. Les foulées sont hautes et rapides : Iphicrate a réussi à passer devant le Mycénien et le Spartiate.

Le coureur argien se retourne légèrement pour voir ses poursuivants.

Erreur de tactique !

Ce geste lui fait perdre une infime fraction de seconde qu'Iphicrate met à profit. Dans les derniers mètres, il le double et franchit, le premier, la ligne d'arrivée.

– Je te l'avais bien dit qu'il gagnerait ! s'enthousiasme Ménon qui a complètement oublié ses pronostics alarmants quant à la boiterie de l'Athénien.

– Dis donc ! Ton ami n'aurait-il pas contrevenu au règlement en simulant une blessure ? soupçonne Lykos. Car, soit Esculape[1] l'a guéri en route, soit il a feint de boiter pour que les autres concurrents le croient hors jeu et ne s'inquiètent pas de lui.

– Sûrement pas ! s'indigne Ménon. En admettant qu'il ait feint, continue-t-il en réfléchissant tout haut, il n'a pas failli au serment. Tout au plus est-il rusé, mais en aucun cas il n'a trompé !

– Oui… si tu veux. Mais avoue que la limite est minime entre les deux.

– Attendons de voir ce qu'en diront les hellanodices.

À peine Ménon a-t-il fini sa phrase que les juges proclament Iphicrate vainqueur.

– Ah, tu vois ! triomphe Ménon.

– Oui mais…

– Oh, ça suffit, Lykos ! Tu ne vas quand même pas être plus légaliste que les juges ! lui reproche Ménon en entraînant son ami sur la piste. Allez, viens féliciter Iphicrate ! Et de

1. Esculape : dieu de la médecine.

bon cœur, s'il te plaît ! Sinon gare à toi, tu sais que je suis plus fort que toi au pancrace !

Les épreuves sont terminées.

Toute la journée de demain, la dernière de cette 88e Olympiade, sera consacrée aux remises des récompenses.

X

LES CÉRÉMONIES DE CLÔTURE OU L'OR ET L'OLIVIER

LE SOLEIL brille.

Les colonnes et les frontons des temples déploient leurs couleurs vives. L'or des statues aveugle les passants. Les marchands ambulants vantent leurs marchandises. Les échoppes sont largement ouvertes sur les rues. Olympie ressemble davantage à une ville de foire qu'à un sanctuaire dédié aux dieux de l'Olympe et aux hommes-dieux du stade.

Ce dernier jour de l'Olympiade est un jour de fête. Terminées les bousculades pour avoir les meilleures places, terminés les cris d'encouragement.

Aujourd'hui la foule se promène, tout simplement. Des marchands de souvenirs vendent des petites statues, des bijoux, des tablettes d'argile portant la date de cette 88e Olympiade. Lorsque, soudain, des cris résonnent, suivis de bruits de course.

– Au voleur, au voleur !

Puis les cris cessent. Le voleur a sans doute été arrêté par la police qui patrouille sans cesse dans Olympie.

Un attroupement se forme à un carrefour. Un homme richement vêtu prend son jeune fils sur ses épaules et parvient au centre du groupe face à Ikkos, un ancien champion olympique.

Ikkos est entouré d'admirateurs. Tous veulent lui parler et le toucher.

L'homme pose son fils sur le sol. Et s'adresse à Ikkos :

– J'étais là, Ikkos, quand tu as gagné le pentathlon, lors de la 84e Olympiade. Je n'ai pas oublié ton exploit, comme ceux qui t'entourent aujourd'hui.

Ikkos sourit et ne sait trop que répondre. Il est un champion, pas un orateur.

– Me feras-tu l'honneur de poser tes mains sur la tête de mon jeune fils, pour qu'il puisse dire plus tard : « J'ai vu Ikkos et il m'a béni ! » ?

Ikkos pose ses mains sur la tête de l'enfant, sans un mot, d'un air bienveillant. Le père remercie le champion et s'éloigne avec son garçon.

Lykos et Ménon passent les premières heures de cette matinée à se baigner, à se raser, à se faire masser. Ils se font beaux pour la remise des récompenses. Ils ont conscience aussi qu'ils vivent là leur dernier jour de liberté avant de rentrer à Massalia. Ils en profitent.

– Bon, maintenant ça suffit ! On est assez

propres comme ça, dit Ménon qui n'apprécie pas beaucoup d'être retourné comme une galette par le grand Nubien[1] qui le frictionne avec de l'huile parfumée. On va être en retard ! Allez, viens !

Il se lève de la table de marbre sur laquelle il était allongé et s'habille rapidement. Lykos le suit. Tous deux quittent l'établissement de bain.

Dehors le soleil les éblouit, les aveugle même quelques instants.

Les cérémonies de clôture vont bientôt commencer. Les juges dans leur grande robe rouge sont prêts. Les athlètes vainqueurs des différentes épreuves attendent avec impatience et émotion le moment de leur triomphe.

Les trompettes sonnent.

La foule, massée dans l'Altis, se tait.

Les hellanodices appellent les vainqueurs

1. Nubien : Africain.

de chaque épreuve et les couronnent d'une branche de l'olivier sacré. Un héraut répète alors le nom du champion afin que toute la foule l'entende.

C'est le moment le plus émouvant pour l'athlète qui a reçu la couronne d'olivier. Il oublie les peines, les heures d'effort, les moments de découragement. Il ne pense qu'à son triomphe et imagine l'immense fête que lui feront ses concitoyens quand il rentrera chez lui.

Un éclat particulier est donné à la remise de la couronne qui récompense le vainqueur de la course de stade. Le nom du champion est solennellement donné à l'Olympiade et servira de calendrier pour les quatre prochaines années.

Ainsi, les 88es Olympiades porteront-elles, pour l'éternité, le nom de Symmachos.

Dès que les athlètes sont couronnés, des messagers quittent Olympie et se rendent dans les villes, même les plus lointaines, pour apporter la bonne nouvelle :

– Réjouissez-vous, l'un de vos compatriotes s'est illustré à Olympie !

Ces messagers circulent à pied, à cheval, en bateau, et les quelques jours d'avance qu'ils ont sur les vainqueurs permettent aux cités de préparer dignement le retour du héros.

En remerciement de la renommée que la ville acquiert grâce à ses exploits, le champion se verra attribuer de nombreuses récompenses.

En effet, si à Olympie il n'a obtenu qu'une récompense symbolique – une modeste couronne d'olivier – il recevra, chez lui, des dons plus matériels.

Ainsi, Milon de Crotone reçut-il une pension à vie. Il fut aussi logé et nourri gratuitement au Prytanée de Crotone, et exempté d'impôts.

Tous ces athlètes ont des récompenses en fonction de leurs mérites, pour les payer de leurs efforts, du temps passé à l'entraînement et pour les remercier du lustre et de la gloire éternelle qu'ils offrent à leur cité. Seule Sparte n'accorde pas de récompense financière, et octroie aux vainqueurs l'honneur de combattre auprès des rois lors des batailles.

La cérémonie du couronnement est maintenant terminée.

Les vainqueurs, accompagnés de leurs parents et amis, célèbrent un sacrifice sur l'autel de Zeus.

Puis, en cortège, les juges, les prêtres, les athlètes et leurs amis se rendent au banquet offert par la ville d'Élis.

Le Prytanée est richement décoré. Des musiciens jouent pendant que les invités dégustent la viande des animaux sacrifiés sur l'autel de Zeus. Le vin coule à flots.

Lykos et Ménon ont réussi à s'asseoir à côté de Socrate. Ils remarquent très vite qu'il fait honneur aux plats et aux vins…

– Lykos, connais-tu l'homme assis à la droite de Socrate ? demande discrètement Ménon.

– Non ! On dirait un étranger venu d'Asie. Il paraît que, là-bas, les hommes ne distinguent pas la philosophie de la gymnastique. Tu as vu comment celui-là s'assied ? Les jambes repliées l'une sur l'autre…

– Ah ! mais alors, c'est l'un de ceux qu'on nomme les gymnosophistes ? J'avais déjà entendu ce nom à Athènes mais sans comprendre de quoi il s'agissait.

Le banquet se déroule joyeusement.

Les convives sont plus nombreux qu'au banquet d'ouverture. Les vainqueurs ont invité, à leurs frais, de nombreux amis.

À la mode grecque, des poètes viennent chanter en s'accompagnant à la lyre pendant que les uns et les autres boivent et mangent.

Les *Odes* écrites par Pindare, il y a un siècle, à la gloire des vainqueurs d'Olympie sont toujours appréciées. Tous ici, sauf peut-être l'ami asiatique de Socrate, connaissent ces vers :

« La douce lumière de la lune embellit la soirée de ce grand jour,

Et le temple retentit dans la joie des festins, des chants de louanges accoutumés. »

Pindare gagnait sa vie – et il la gagnait bien – en écrivant des chants à la gloire des athlètes. Lui-même fils d'un champion, il sut célébrer la gloire, la force, le mouvement. Sa renommée dépasse même celle des athlètes dont il a chanté les louanges.

Le banquet s'achève aux premières lueurs de l'aube.

Est-ce la fin de la nuit ? Le début du jour ?

Sommes-nous au terme d'une Olympiade ou déjà au commencement d'une nouvelle ?

Dans ces moments toujours un peu flous, un peu tristes qui terminent une fête, chacun se retire pour prendre quelque repos avant de rentrer chez lui.

Lykos et Ménon quitteront Olympie dans quelques heures. Ils doivent rentrer à Massalia. Mais ils sont fermement décidés à revenir à Olympie.

Bientôt la Trêve sacrée sera rompue et les guerres reprendront… jusqu'à la prochaine Trêve.

Ainsi va l'histoire des hommes.

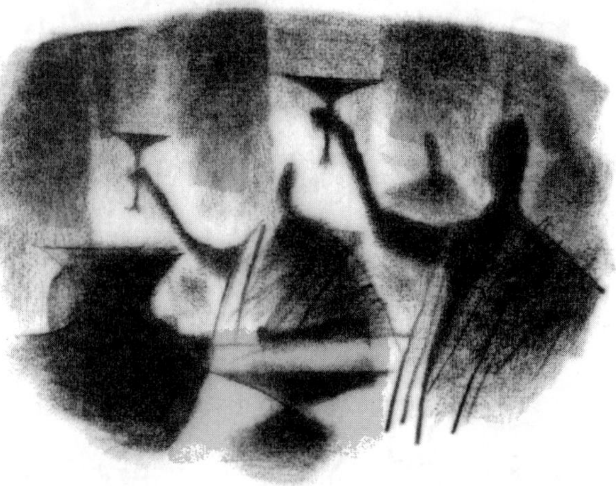

LA GRÈCE DANS L'ANTIQUITÉ

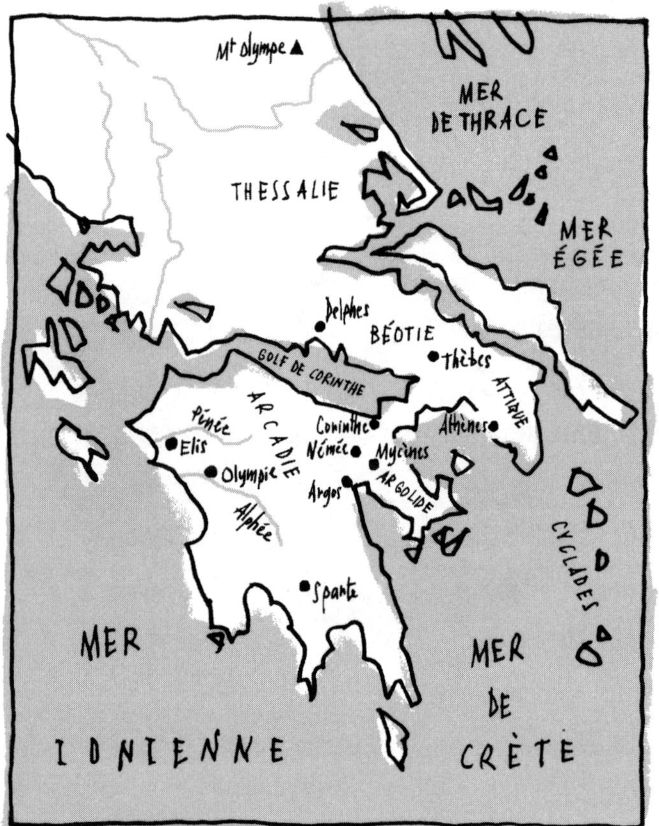

Postface

Il semble que, bien avant l'époque d'Homère (VIIIe siècle avant Jésus-Christ), des festivités sportives, des joutes dans lesquelles s'affrontaient des jeunes gens en l'honneur des dieux, se déroulaient déjà sur les rives de l'Alphée, à l'emplacement d'un sanctuaire dédié à Zeus.

Mais ce n'est qu'à partir de 776 avant Jésus-Christ que la mémoire des hommes a gardé, gravée sur des tablettes d'argile, le nom des vainqueurs de ces Jeux. Les Jeux olympiques cesseront définitivement à la fin du IVe siècle après Jésus-Christ, sous le règne de l'empereur chrétien Théodose qui les interdit.

Durant ces douze siècles, les Jeux d'Olympie ont évolué.

À l'origine, ils ne duraient qu'une journée et il n'y avait qu'une seule épreuve au programme : la course à pied. Peu à peu, les épreuves se multiplièrent. Et la durée des Jeux atteignit douze jours.

Les historiens de l'Antiquité nous apprennent que la période la plus fastueuse d'Olympie correspond, et nul ne peut s'en étonner, au siècle de Périclès : le Ve siècle avant Jésus-Christ. Car Athènes était alors à son apogée, ainsi que de nombreuses villes grecques.

C'est cette époque que j'ai choisie pour écrire les *Contes et Légendes des Jeux d'Olympie*. Il s'agit en effet de la plus belle période d'Olympie et celle que le baron Pierre de Coubertin avait en tête lorsqu'il imposa aux nations belliqueuses de la fin du XIXe siècle l'esprit de paix et de concorde, typiquement olympique.

Les Jeux olympiques modernes sont les enfants des Jeux d'Olympie. Des enfants, pas des clones. Nos jeux modernes ont su se construire une identité et une autonomie propres. Mais l'idéal est resté le même : mettre toute sa gloire à vaincre, à se vaincre.

Je suis restée fidèle à l'histoire. Mes sources furent Homère, Pindare, Pausanias, ainsi que la statuaire et les vases grecs.

Toutefois, je me suis attribué quelque liberté. Ainsi, l'anecdote de cette femme qui dévoila sa féminité en perdant son vêtement est véridique mais elle est postérieure de quelques décennies à la 87e Olympiade. Ou bien encore, il n'est pas certain que les cérémonies d'ouverture se soient toujours terminées par un banquet. Cependant, je crois connaître suffisamment les Grecs pour ne pas les avoir trahis en imaginant qu'ils n'allaient pas se séparer, un tel soir, sans se réunir pour un banquet et se régaler de la viande des animaux sacrifiés dans la journée.

LE MONDE GREC

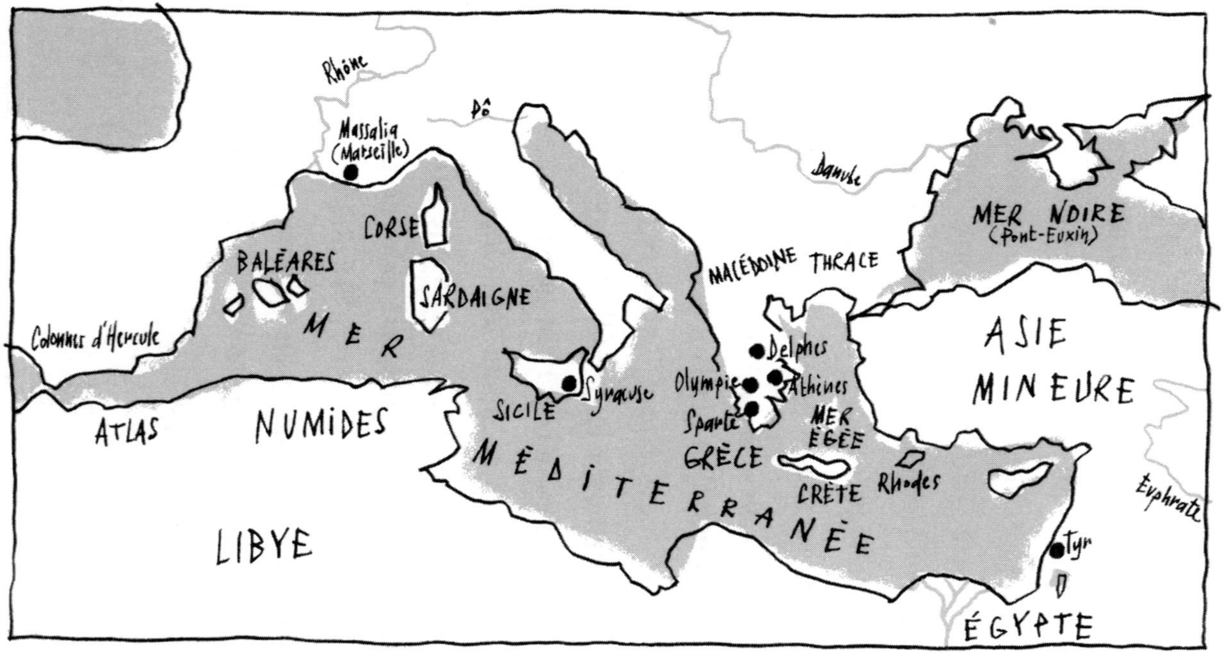

Bibliographie

BERNAND A., *Guerre et violence dans la Grèce antique,* Hachette.

GOMBRICH E., *Brève Histoire du monde,* Hazan.

GOSCINNY R. et UDERZO A., *Astérix aux Jeux olympiques,* Dargaud.

HATZFELD J. , *Histoire de la Grèce ancienne,* Payot.

MARROU H.-I., *Histoire de l'éducation dans l'Antiquité*, Seuil.

MIREAUX E., *La Vie quotidienne au temps d'Homère,* Hachette.

ROMILLY J. de, *Pourquoi la Grèce ?*, Éd. de Fallois.

SCHÖBEL H., *Olympie et ses jeux,* Leipzig.

ULMANN J., *De la gymnastique aux sports modernes*, PUF.

VERNANT J.-P., *L'Homme grec*, Seuil.

Sites Internet :

http ://www.thw.gr/cgi-bin/olympics/victors

http ://www.thw.gr/projects/olympics/classical

Table des matières

Brigitte Évano

Née en 1949, Brigitte Évano a publié des documentaires et des romans pour la jeunesse. Elle a déjà écrit dans la même collection, *Contes et Légendes de l'Égypte ancienne*.
Elle est professeur de philosophie et de culture générale. Sa passion ? La culture au sens large, c'est-à-dire tout ce que les hommes ont inventé pour donner un sens à la vie.

Christian Roux

Août 1958, vacances en Grèce

N° projet : 10113117 - dépôt légal : avril 2004
Achevé d'imprimer en Espagne sur les presses de
Graficas Estella